LO QUE
NADIE LE HA CONTADO
SOBRE LAS
RELACIONES PERSONALES

LO QUE
NADIE LE HA CONTADO
SOBRE LAS
RELACIONES PERSONALES

RICARDO CALZA GONZÁLEZ

www.ricardocalza.es

Imágenes de portada:
Paar kämpft mit Boxhandschuhen. © Robert Kneschke - Fotolia.com

© 2013, Ricardo Calza González.

CreateSpace Independent Publishing Platform
1ª edición (Noviembre 2015); v28

ISBN-13: 978-1518865374
ISBN-10: 1518865372

ÍNDICE

«Nuestro planeta es una mota solitaria en la gran
oscuridad que lo envuelve. En nuestra oscuridad, en
toda esta vastedad, no hay ningún indicio de que la
ayuda pueda venir de cualquier otro lugar para salvarnos
de nosotros mismos».

Carl Sagan

I. HABLANDO DE RELACIONES...

> «Casi todas las personas viven la vida en una
> silenciosa desesperación».
> Henry David Thoreau

1. LAS RELACIONES PERSONALES

«En el fondo son las relaciones con las personas lo
que da sentido a la vida».
Karl Wilhelm Von Humboldt

Están por todas partes. No podemos escapar de ellas. Las encontramos en el trabajo, en casa, en el tiempo de ocio... en prácticamente todos los ámbitos de nuestra vida diaria. Nos rodean y nos afectan continuamente. Las deseamos y las evitamos por igual. Son la sal y la pimienta de la vida, pero también pueden ser el trago más amargo que nos toque beber. Nos pueden hacer sentir que somos las personas más afortunadas del mundo, pero con la misma facilidad por su culpa podemos acabar sintiendo que somos los seres más desgraciados sobre la faz de la Tierra. Para bien o para mal, influyen en nuestra forma de ser y de ver la realidad. Son las relaciones personales.

Las relaciones personales son las relaciones *entre personas*. No solo abarcan las relaciones sentimentales, sino cualquier relación, sea del tipo que sea: una relación casual, amorosa, familiar, de amistad, profesional... Cualquier interacción entre personas, por superficial y breve que sea, es una relación personal.

Todos pensamos y hablamos continuamente de las relaciones. Intercambiamos experiencias unos con otros, nos quejamos, pedimos y damos consejos sobre ellas o intentamos extraer alguna enseñanza de las que hemos tenido para aprender y no cometer los mismos errores que cometimos en el pasado.

Sin embargo, aunque probablemente son una de las situaciones más comunes a todos nosotros, porque todos las experimentamos continuamente a lo largo de nuestra vida, nadie nos prepara para ellas. Nadie nos dice cómo son realmente las relaciones personales. Nadie nos dice cómo son de verdad las personas, cómo son de verdad las relaciones entre ellas, por qué se comporta la gente como lo hace y cuál es la mejor manera de actuar en una relación con otra persona. Salvo algunos consejos más o menos acertados de familia o amigos, no se nos enseña a comprender las relaciones personales para que nos resulten beneficiosas y aporten valor añadido a nuestra vida. Y también para que las consecuencias de las relaciones negativas no nos causen más sufrimiento del necesario.

Demasiado a menudo nuestros modelos a seguir para comportarnos en las relaciones están en el cine, en la televisión o en la literatura, en personajes que no existen y que no son tan complejos como las personas de carne y hueso.

Todo esto hace que en las relaciones reales sean frecuentes las incomprensiones y los malos entendidos, la extrañeza por comportamientos que no entendemos, el sufrimiento, las actitudes negativas o situaciones que nos dejan «tocados». Las relaciones con los demás son una de las causas que más preocupaciones y sufrimiento psicológico producen a las personas.

Hoy en día existe entre mucha gente la creencia generalizada de que es muy difícil el trato con los demás. Creencia que en su expresión más extrema lleva a muchas personas a resignarse a conseguir establecer relaciones positivas y que les hace caer en el aislamiento o en actitudes negativas y perjudiciales para sí mismas.

A la vista de lo leído hasta ahora, alguien podría decir que no se prepara más a las personas para entender las relaciones sencillamente porque no se puede. Al fin y al cabo, ¿quién puede saber cómo va a actuar una persona? ¿Cómo saber lo que debemos y no debemos hacer para que una relación salga bien?, ¿quién puede predecir cómo va a ser una relación a medida que vaya pasando el tiempo? En resumen, ¿cómo controlar lo que es incontrolable? La mayoría pensará que tener buenas relaciones es cuestión de suerte, de con qué tipo de personas topemos, de cómo sea cada uno…

Sin embargo, esto no es así. Hay unas reglas para las relaciones personales. Estas normas explican cómo se crean y cómo evolucionan las relaciones entre las personas. Las relaciones personales tienen una dinámica propia basada en esas reglas, que sin darnos cuenta nos limita en nuestras posibilidades de actuar e incluso pensar.

Cuando estamos inmersos en una relación no tenemos tanto albedrío como pensamos: lo que hacemos en una relación está determinado por la propia relación. Por ejemplo, ¿no le pasa que hay personas con las que se comporta de una determinada manera aunque no quiera, y le es casi imposible ser de otra forma?, ¿no percibe a veces una especie de barreras invisibles cuando trata con alguien, que le hacen sentir incomodidad haciendo o diciendo algo?, ¿no le ha pasado que una persona que conoce le juzga de una manera que usted sabe que es totalmente equivocada?, ¿no hay gente con la que nota que congenia rápidamente, pero hay otra con la que parece como si hubiera un muro invisible entre ustedes y no encuentra la forma de traspasarlo? ¿Y qué me dice de las relaciones de pareja?, ¿quién no ha sufrido por una reacción que no ha logrado comprender de una persona a la que quería?, ¿por qué nos hace daño quien nos quiere?, ¿por qué hacemos daño a quien nos quiere?, ¿por qué cambian las cosas un día cualquiera y ya no pueden volver a ser como eran antes por mucho que lo intentemos?

Las respuestas a estas preguntas están en la dinámica propia de las relaciones. Como he dicho, existen unas reglas, unas normas o principios, que subyacen a las relaciones personales. El curso de una relación no puede ser de cualquier forma, sino que está determinado por reglas que determinan cómo empieza, cómo evoluciona y cómo se comportarán y reaccionarán las personas durante la relación. Conociendo esas reglas, tendremos mucha más comprensión y control sobre nuestras relaciones, logrando potenciarlas y encauzarlas en una dirección positiva, a la vez que evitamos que se vuelvan dañinas y negativas.

Este libro analizará y explicará las variables que influyen en el comportamiento de las personas cuando se relacionan unas con otras. Le explicará cuáles son las normas que determinan cómo son las relaciones y le enseñará a entenderlas mejor, transmitiéndole una serie de nociones básicas sobre psicología humana. Y veremos también unas reglas que nos permitirán actuar sobre nuestras relaciones para orientarlas en la dirección que queremos, en lugar de ser ellas las que influyan en nuestra manera de pensar y comportarnos.

Pero hablar de relaciones humanas supone también hablar de la relación más importante que puede tener una persona: la relación consigo misma. Por eso, hablaremos también de cómo somos los seres humanos, de qué es la personalidad y qué factores la definen. En definitiva, sabremos un poco más acerca de por qué cada uno de nosotros es como es.

2. EL PORQUÉ DE ESTE LIBRO

«Ha quedado patente que nuestra tecnología ha superado a nuestra humanidad».
Albert Einstein

La mayoría de los libros nacen de una necesidad de quien los escribe. Una necesidad de contar una experiencia o una preocupación. El objetivo de contarla suele ser darle una salida para que no se quede en nuestro interior, para poder liberarnos de ella y, si es posible, para realizar nuestra aportación a que alguna situación cambie.

Este libro nace fruto de una preocupación que he podido comprobar que está cada vez más extendida. Existe entre mucha gente una sensación de crispación respecto a las relaciones con los demás. Son muchas las personas que están preocupadas por el tipo de relaciones que estamos desarrollando en nuestra sociedad y por cómo les afectan individualmente y les dificultan o incluso imposibilitan encontrar a otras personas con las que tener relaciones satisfactorias.

Tal vez debido a la mayor libertad personal que todos tenemos y a la ausencia de unos modelos generales sobre cómo relacionarnos, cada día es más frecuente que las personas, en las situaciones cotidianas, sin que estén sometidas a circunstancias extraordinarias, reaccionen en sus relaciones haciendo y diciendo lo quieran, sin ser conscientes del efecto que su comportamiento puede tener en otras personas, creyendo que cualquier cosa que hagan o digan estará bien y que no afectará a los demás. La mayoría de las personas ignora completamente las reglas subyacentes a las relaciones y comunicación humanas.

Pero esto no queda ahí. Esta forma de relacionarse acaba deteriorando y volviendo negativas las relaciones, pero las personas no se dan cuenta de cuál es su grado de responsabilidad en ese deterioro y se culpan unas a otras. Esto provoca que muchas personas decidan que es mejor no profundizar en las relaciones para así no ser dañadas, lo que hace que cada vez sean más frecuentes, en todos los ámbitos de la vida, las relaciones superficiales, interesadas, los malos entendidos o las actitudes negativas. Pero sin embargo, las personas siguen teniendo la necesidad innata de relaciones más plenas, en las que se sientan comprendidas y aceptadas. Al no conseguirlas, se frustran, se aíslan, se encierran en sí mismas, y acaba apareciendo la soledad.

La soledad es uno de los grandes males de nuestra sociedad y está en la base de múltiples trastornos psicológicos e incluso físicos, así como detrás de largas temporadas de sufrimiento personal. Nos resta calidad de vida y disminuye nuestra capacidad de establecer futuras relaciones personales que nos sirvan de apoyo y disfrute. La soledad nos aleja de la felicidad.

Cuando las personas se aíslan, terminan por adoptar una postura defensiva frente a los que consideran la causa de su aislamiento, y pueden acabar por etiquetar a los demás de «raros», «incomprensibles», «intratables» o incluso de «locos». Así, la distancia entre la gente se va haciendo cada vez mayor, y la incomunicación, la incomprensión y la intolerancia están más extendidas. Los lazos entre personas, que deberían formar la auténtica red social de cada uno de nosotros, son cada vez más débiles o inexistentes. Con la generalización de relaciones personales débiles o inexistentes, se pone en peligro tanto nuestra propia felicidad personal como el mismo tejido que posibilita nuestra sociedad.

El ser humano es un ser social, y tiene por lo tanto unas necesidades de reconocimiento y afecto que, si no son satisfechas, afectan a su personalidad y a su forma de ver el mundo, y acaban teniendo una repercusión negativa en sus actitudes y en su conducta.

Ruego al lector que no me malinterprete. Este no pretende ser un libro moralizante, sino descriptivo desde el punto de vista de la psicología. No pretende hacer consideraciones morales ni ideológicas, solo psicológicas. Al hablar de ejemplos o modelos generales de relación entre personas no me refiero a épocas pasadas, a corrientes morales ni tampoco a creencias religiosas. Hablo estrictamente desde un punto de vista psicológico, desde el conocimiento de cuáles son las necesidades sociales del ser humano, qué necesita para satisfacerlas y cuáles son las reglas que influyen en las interacciones de unos con otros. Por eso en ningún momento adoptaré en el libro un punto de vista moral o filosófico. Nos centraremos exclusivamente, desde el punto de vista psicológico, en cómo son las relaciones entre las personas. Un punto de vista que parece ser invisible para muchos. Por eso este libro.

3. CÓMO ABORDAREMOS EL TEMA

«Una buena conversación debe agotar el tema, no a los interlocutores».
Winston Churchill

Soy consciente de que el propósito del libro puede parecer tan ingenuo como presuntuoso. En una primera impresión, es posible que pretender analizar y explicar la gran cantidad de factores que influyen en las relaciones entre las personas, y a la vez conseguir explicarlos de una manera sencilla, parezca una tarea imposible. Sin embargo, a pesar de que se pueda pensar que es un tema muy complejo, lo abordaremos con toda naturalidad y de una manera muy accesible.

El libro se basa en la premisa de que para tener una mejor comprensión de las relaciones personales no es necesario hacer análisis profundos ni titularse en Psicología. Mi intención es dotar a los lectores de unas nociones básicas de psicología práctica sobre la personalidad humana, sobre la dinámica de las relaciones entre las personas y sobre los factores que influyen en la creación y evolución de las relaciones personales. Una vez hecho esto, pasaremos a explicar una serie de sencillas reglas a tener en cuenta en las relaciones personales, que aplicadas correctamente en la vida real conseguirán, primero, que no tengamos relaciones negativas durante más tiempo del inevitable, y segundo, que mejoremos las relaciones que tengamos y que queramos conservar.

Se podrá argumentar que hay más factores o variables a tratar al hablar de las personas y sus relaciones, y estoy de acuerdo, pero mi intención es dar unas nociones básicas que permitan mejorar la comprensión de las relaciones. Por este motivo no será un libro largo a pesar de las posibilidades del tema. Prefiero que la brevedad invite a querer leerlo para así conseguir esas nociones básicas, a que la complejidad y extensión produzcan rechazo y que no se lea. Ante un largo camino, siempre es mejor dar al menos un paso y haber avanzado algo, que verse abrumado por la distancia y quedarse inmóvil. Lo importante, lo que cuenta, es tener la actitud de querer avanzar. Cuánto se avance es ya una cuestión de matices.

El objetivo del libro es que los lectores consigan una comprensión de las personas y de las relaciones personales mejor de la que tenían antes de empezar a leerlo. El libro pretende que quien lo lea dé un paso atrás que le permita salir del bullicio de sus relaciones personales cotidianas y verlas desde una nueva perspectiva, para después volver a ellas con un nuevo conocimiento, para así conseguir moverse con más eficacia a través de la marea humana en la que todos nos sumergimos cada día.

Solo asimilar los conocimientos y reglas que aquí se explican ya pondrá a los lectores en una posición mejor que la que tenían antes de empezar la lectura, al proporcionarles una mayor capacidad de análisis psicológico, tanto de sí mismos como de las relaciones entre las personas.

Como he dicho al principio del libro, con el término *relaciones* no me refiero solo a las relaciones sentimentales. La mayor parte de los conocimientos que veremos son aplicables a cualquier tipo de relación que pueda establecerse entre personas: trabajo, familia, amigos, ocio, política, dirección de equipos, relaciones comerciales, etc. Son aplicables a todos los terrenos en donde las personas interactúan unas con otras. Sin embargo, es normal que muchas veces el lector, y yo mismo, busquemos ejemplos o la aplicación práctica de estos conocimientos en las relaciones sentimentales. Esto es correcto, porque es en este tipo de relaciones en donde, quizá, se dan con más intensidad y profundidad las características y patrones de las relaciones personales, por lo que será mucho más sencillo ver reflejadas en ellas muchas de las situaciones de las que hablaremos o los ejemplos que pondremos.

En ningún momento el libro pretende educar en el *buenismo*. Los conocimientos aquí explicados tratan aspectos prácticos y concretos de las relaciones humanas, para que el lector pueda tomarle la medida a las relaciones personales y enfocarlas positivamente, pero también para que aprenda a distinguir las actitudes negativas que se dan en las relaciones y los rumbos negativos que estas toman a veces, para que así pueda aplicar las medidas que considere oportunas.

Mediante este libro, además de lo expuesto, busco introducir y popularizar términos y formas de enfocar las relaciones humanas que permitan a las personas tener un mayor conocimiento y una mayor cultura en temas de psicología. A lo largo del libro arrojaremos luz sobre intuiciones, sensaciones o situaciones de las que tal vez el lector no era del todo consciente, que eran solo una vaga idea o una extraña sensación en alguna parte de su mente, y que como nadie se las explicaba o no tenía la oportunidad de hablar de ellas, no llegó nunca a pensar sobre ellas de una forma más elaborada, concreta y constructiva.

Actualmente las sociedades cambian muy rápido gracias a los avances tecnológicos y todos aumentamos nuestros conocimientos y capacidades al adaptarnos a ellos. La tecnología avanza tan rápido y ha cobrado tanta importancia que parece que todo lo puede y que llega a todos los aspectos de nuestra vida. Es hora también de que en la comprensión propia y en la de las relaciones con los demás avancemos y progresemos, adquiriendo una nueva perspectiva, una nueva forma de pensar y un nuevo vocabulario. Es hora de que el conocimiento generalizado de la psicología humana se empiece a poner en paralelo con el conocimiento generalizado de la tecnología humana. Todos debemos dejar atrás modelos antiguos de relación con los demás y progresar hacia una modernización en nuestra forma entendernos y de relacionarnos con los demás.

Es hora ya de, también en las relaciones humanas, pasar al siguiente nivel.

II. EL PUNTO DE VISTA DE UN PSICÓLOGO

«Si hay un secreto del buen éxito reside en la
capacidad para apreciar el punto de vista del prójimo y
ver las cosas desde ese punto de vista, así como del
propio».
Henry Ford

4. EL PUNTO DE VISTA DE UN PSICÓLOGO

«Un paciente llega a la consulta de un psicólogo:
—Paciente: ¡Doctor, creo que tengo complejo de superioridad!
—Psicólogo: Siéntese, intentaré ayudarle.
—Paciente: ¡Tú! ¡Qué me vas a ayudar tú, doctorcillo de pueblo!»
Chiste sobre psicólogos

¿Se imaginan qué piensa de nuestros hábitos alimenticios una persona que haya estudiado Dietética y Nutrición? ¿Qué opinará cuando ve a alguien comer alimentos con grandes cantidades de calorías y poco aporte alimenticio? ¿Y se imaginan como nos ve una persona que haya estudiado Educación Física? ¿Qué pensará de mi forma de hacer deporte cuando observa que no caliento ni estiro los músculos lo suficiente antes de empezar a correr? ¿Y un médico? ¿Con qué ojos mira un médico a alguien que fuma, por ejemplo? ¿Mirará hacia el tórax de esa persona y se imaginará sus pulmones llenos de humo, como si los viera con unas gafas de rayos X?

¿Se imaginan como ve un psicólogo a las personas y las relaciones personales? ¿Detectará las motivaciones del comportamiento de una persona a medida que vaya hablando con ella? ¿Se fijará, aun sin querer, en los temas que elige para conversar, en su tono de voz, en sus ojos, en su gestos, en sus manos, en el significado de cada cosa que dice? Y con toda esa información, ¿se hará rápidamente una idea de quién es, cómo es, qué le preocupa y qué le interesa a esa persona?

Pues la verdad es que es así. Uno no siempre acierta, por supuesto, pero desde el momento en que empiezas a observar a una persona empiezas a hacer conjeturas e hipótesis sobre ella en base a la información que vas recibiendo. Es algo que no puedes evitar, porque has dedicado muchas horas a estudiar todas las variables y factores psicológicos que explican a una persona, y que se muestran a través de su forma de expresarse. Y lo mismo ocurre con las relaciones personales, las propias y las de otros. En ocasiones ves con meridiana claridad como los obstáculos que una persona cree insalvables en una relación no están más que en su mente, te das cuenta de cómo algunas relaciones se están encauzando mal, lo que hará que en cuestión de tiempo las personas terminen distanciándose, y eres consciente de cómo muchos de los conflictos que preocupan a las personas se podrían resolver si se enfocaran desde la perspectiva adecuada. Por supuesto, también es uno dolorosamente consciente de sus limitaciones y carencias como persona, y de los errores que ha cometido o comete en sus relaciones con los demás.

Por eso en este libro describiré las relaciones personales desde el punto de vista de un psicólogo, para compartir con los lectores los conocimientos por medio de los cuales interpretamos a las personas, sus problemas y las relaciones que se dan entre ellas.

5. ¿POR QUÉ LAS PERSONAS NECESITAMOS RELACIONARNOS?

«La soledad se admira y desea cuando no se sufre, pero la necesidad humana de compartir cosas es evidente».
Carmen Martín Gaite

La primera pregunta que debemos respondernos si queremos hablar de relaciones es por qué necesitamos relacionarnos. Si no tuviéramos esa necesidad, no importaría tanto que las relaciones no fueran como queremos. Dejaríamos de tenerlas y problema resuelto. Pero no es así. Los seres humanos necesitamos relacionarnos con los demás.

Básicamente, son dos las razones por las que necesitamos relacionarnos unos con otros.

La primera es una razón que será obvia para la mayoría de los lectores: porque vivimos en sociedad, lo que hace que para cualquier aspecto de la vida diaria, desde trabajar a realizar compras, disfrutar del ocio o cualquier otra situación cotidiana, tengamos necesariamente que relacionarnos con los demás. En nuestro mundo es prácticamente inevitable establecer ciertos tipos de relaciones personales, por muy superficiales que sean.

La segunda razón, sin embargo, no es tan conocida como la primera, pero es igual o más poderosa todavía. Y es que las personas nos relacionamos unas con otras porque la necesidad de relacionarnos forma parte de las cinco necesidades básicas que tiene todo ser humano durante su vida.

Son cinco los tipos de necesidades que las personas necesitamos satisfacer a lo largo de nuestra vida para desarrollarnos íntegramente. Estas necesidades crean en nosotros impulsos que nos llevan a actuar para conseguir satisfacerlas. Son impulsos que no podemos evitar sentir y que determinan nuestros pensamientos y por lo tanto también nuestros comportamientos.

Las cinco necesidades del ser humano, ordenadas según su importancia, son las siguientes:

1.- **Físicas.** Estas necesidades son las más básicas de todas, porque están dirigidas a asegurar nuestra supervivencia. Comer, beber o dormir son ejemplos de necesidades físicas que todos tenemos y que nos es imposible dejar de satisfacer.

2.- **Seguridad.** Son las necesidades que nos permiten protegernos de posibles peligros. Su satisfacción nos permite tener una base segura desde la que ir construyendo una vida. Un ejemplo de este tipo de necesidades es el deseo de tener un lugar en el que vivir, para protegernos de las condiciones del medio ambiente y tener un sitio donde sentirnos seguros.

3.- **Afectivas.** Son estas las necesidades que nos llevan a querer relacionarnos unos con otros y a querer crear lazos con otras personas para encontrar apoyo, dar y recibir afecto, expresarnos, contar nuestros problemas y escuchar y ser escuchados. Las relaciones que querremos formar para satisfacer estas necesidades serán familiares, sentimentales o de amistad, por ejemplo. No se trata solo de necesidades afectivas o amorosas, sino de la necesidad de interactuar emocional e intelectualmente con otros seres humanos. Mantener una conversación con alguien sin que haya una causa, tener un círculo de amigos o formar una familia son muestras del impulso que nos produce este tipo de necesidades.

4.- Reconocimiento. Cuando tenemos aseguradas las necesidades que hemos visto hasta ahora, comenzamos a sentir con más fuerza el deseo de que los demás nos valoren y nos reconozcan, sea por nuestro trabajo, por nuestra forma de ser o por cómo vivimos. Es una manera de autoafirmar nuestra propia existencia y darle sentido, al vernos reflejados en la imagen que otras personas tienen de nosotros. El reconocimiento de los demás le da sentido a la manera en que vivimos.

5.- Autorrealización. A este tipo de necesidades se llega después de haber satisfecho todas las anteriores. Tenemos esta necesidad porque todos sentimos en nuestro interior el impulso de desarrollarnos hasta llegar a ser quienes realmente creemos que somos y de llegar a ser capaces de vivir de la manera en que creemos que es la mejor para nosotros. Es el punto culminante de ese anhelo de felicidad que todos llevamos dentro. Satisfacer esta necesidad supone saber quiénes somos realmente. Supone encontrarnos a nosotros mismos.

Una persona será más equilibrada en la medida en que haya logrado, o esté en el camino de lograr, satisfacer estas cinco necesidades. Vivir es intentar satisfacer los impulsos que nos provocan cada una de ellas.

Como hemos visto, las necesidades afectivas ocupan el tercer lugar en el orden de necesidades del ser humano, solo siendo superadas en importancia por las necesidades más básicas para asegurar la supervivencia, las físicas y las de seguridad. Así pues, relacionarse unos con otros es una necesidad fundamental que todos tenemos y que no podemos evitar. Al ser una de las necesidades fundamentales, constituye un impulso tan incontenible como puede ser comer, beber o evitar un peligro. Por eso, saber cuáles son las reglas que rigen la dinámica de las relaciones personales nos posibilitará satisfacer esta necesidad con más eficacia, lo que nos permitirá evitar sufrimientos innecesarios, nos ahorrará esfuerzos vanos, nos hará más efectivos y nos facilitará tener más energía disponible para centrarnos en satisfacer los siguientes tipos de necesidades y continuar nuestro desarrollo personal.

6. LOS ESTÁNDARES DE LAS RELACIONES PERSONALES

«Actúa siempre con acierto. Esto tranquilizará a algunas personas y asombrará al resto».
Mark Twain

Es muy frecuente, en ciertos ámbitos, oír hablar de los *estándares*. Un estándar es un modelo, un patrón general, que representa el nivel mínimo exigible en algún tema o cuestión. Por ejemplo, a un profesional de un determinado campo se le puede escuchar decir que busca que su desempeño profesional mantenga o supere ciertos estándares. De la misma forma, en algunas actividades se invierte mucho esfuerzo y dinero en mantener unos estándares de calidad, como puede ser, por citar un ejemplo, el servicio que ofrece un hotel a sus clientes.

A menudo damos por sentados estándares en muchos aspectos de la vida en sociedad, como cierto orden y nivel de seguridad o ciertas maneras de hacer algunas cosas. En algunos casos incluso algunos estándares se revisan cada año, y se nos «imponen» unas exigencias para cumplirlos que suponen una actualización de conocimientos y una inversión de dinero. Un ejemplo es el caso de la moda. Si una persona no cumple ciertos estándares a la hora de vestir, sus posibilidades de aceptación social serán menores, y cada año, nuevas modas nos «obligan» a renovar nuestro vestuario. La mayoría de las personas lo acepta, más o menos, e incluso muchas disfrutan con ello.

Sin embargo en lo que se refiere a las relaciones personales, actualmente no parecen tan claros cuáles son los estándares que tenemos que cumplir. Puede que a primera vista sí lo parezca: cierto nivel de respeto en el trato mutuo, cierto grado de comprensión entre unos y otros, cierto nivel de educación… pero, ¿no se le ocurren, sin esforzarse en pensar mucho, ejemplos, propios y ajenos, en donde estos estándares mínimos no se cumplen? Compañeros de trabajo que tienen una forma de comportarse totalmente fuera de lugar o que resulta tóxica para los demás, personas que mienten con demasiada facilidad sobre cosas totalmente intrascendentes, personas que abusan de su autoridad o posición, personas con las que no es posible mantener una relación mínimamente normal debido a su forma de comportarse, gente que solo piensa en sí misma…. Seguro que se le ocurren muchos otros ejemplos. Y estos comportamientos se ven en personas aparentemente normales, a los que no parece que la vida haya maltratado especialmente para justificar que tengan esas actitudes. Pueden ser incluso personas con un nivel de vida alto o muy alto, con sus necesidades satisfechas, con familia, amigos… Pero parece que, si bien cumplen otros estándares sociales (visten siguiendo la moda, tienen un trabajo, respetan las leyes), no tienen claro cuáles son los estándares que deben seguir en su forma de relacionarse con los demás. Y no son especialmente castigados, a nivel social, por comportarse así. ¿Por qué ocurre esto?

¡Ya no hay valores!

¡Cuántas veces habremos escuchado esta frase cuando hablamos de relaciones entre personas! Quien nos lo dice parece querer hacernos ver que antes las cosas eran de otra forma, que antes las personas tenían más claro cómo comportarse unas con otras, que las situaciones que se dan hoy no se daban antes… ¿Esto es realmente así? Analicémoslo un poco.

Desde casi el principio de las sociedades humanas, la religión y el estado fueron quienes dictaron las normas morales de comportamiento entre las personas. Religión y estado iban juntos, por lo que la educación de los ciudadanos estaba impuesta por ambos poderes, que muchas veces eran uno solo. Pero en los últimos siglos, y más concretamente en los siglos XX y XXI, en las sociedades occidentales la religión ha perdido capacidad de influencia en la organización social, y los estados, al ser menos autoritarios y más democráticos, tienden a dar más libertad a las personas para permitir que todas las opciones de ver la vida tengan cabida en la sociedad, y así evitar conflictos.

Los países occidentales son más laicos y democráticos, y estado y religión están menos mezclados, cuando no completamente separados. Esto ha llevado a que cada vez más las personas ejerzan sus libertades individuales con más plenitud, existiendo como únicos límites las leyes del estado, que no las morales que son privadas. Además, ahora tenemos un acceso a la información casi ilimitado, por lo que podemos conocer otros estilos de vida, tanto sociales como individuales. Cada persona se da cuenta de que puede hacer y decir lo que quiera con el único límite de no infringir alguna norma legal. Por esta razón, es cada persona quien, en buena medida, se pone los límites de cómo comportarse y relacionarse con los demás.

Eso está bien, ya que es un avance en el ejercicio de la responsabilidad y libertad individuales, pero como todos los avances conlleva problemas por tratarse de una situación relativamente reciente a la que las personas no están acostumbradas.

Al no haber una institución que marque unos límites definidos de comportamiento, estos no son los mismos para todas las personas, por lo que hay una gran variedad de normas personales a la hora de relacionarse con los demás. Esto ha provocado que en muchas personas empiece a haber una sensación de que «todo vale» en las relaciones personales. Las relaciones son cada vez menos profundas y sólidas porque hay menos puntos en común al tratar unos con otros. También es menos probable que se den relaciones profundas (de cualquier tipo) porque nos resulta más difícil encontrar a personas que compartan los mismos valores que nosotros nos hemos fijado a la hora de relacionarnos con los demás.

Por consiguiente, lo que ocurre es que en la actualidad nos encontramos en una nueva situación, con amplias libertades individuales. Los gobiernos no se atreven a meterse demasiado en estas cuestiones a través de instituciones o escuelas, por miedo al rechazo de algunos sectores de la sociedad. Como consecuencia, en la comprensión propia y en la forma de relacionarse con los demás, muchas personas se autoeducan al azar, desarrollando intuitivamente, por observación o por consejos de otras personas sus propias normas sobre cómo gestionar sus relaciones interpersonales.

Habrá personas que por su educación, por su interés, por su cultura o incluso por las características de su personalidad, desarrollen unos valores de relación con los demás correctos (desde el punto de vista psicológico) pero no por eso dejan de tener problemas a la hora de encontrar personas que tengan valores similares, personas compatibles con ellas. Si las normas sociales de relación con los demás no son ampliamente compartidas, será frecuente que, como decía el filósofo alemán Nietzsche, *«se nos castigue más por nuestras virtudes que por nuestros defectos»*.

Probablemente por estas razones, entre otras, es que se ha popularizado la creencia de que en nuestros tiempos nos ha tocado vivir una crisis de valores.

Pero, ¿quién puede decir entonces cuáles son los valores adecuados sin tener una intención moralizante o adoctrinadora? ¿Quién puede dar respuesta a esta especie de tierra de nadie, en la que el estado no puede intervenir y las religiones ya no tienen tanto que decir como antes? ¿Quién puede dar respuestas a quienes las buscan? Pero deben ser respuestas sin imposición, respetando el criterio personal y la libertad de cada uno. A priori estas no parecen preguntas que tengan una respuesta sencilla.

Actualmente nadie discute las mejoras que la medicina, la informática o la ingeniería han traído a nuestras vidas, así que, ¿por qué no escuchar la respuesta que a estas cuestiones nos dan las ciencias que estudian al ser humano? La ciencia no impone verdades absolutas, enseña hechos que se ha dedicado a analizar y estudiar. Ni siquiera trata de convencer, sino que incluso desea que se la contradiga porque es así como avanza, proponiendo teorías hasta que otras nuevas demuestran que son mejorables o incluso inválidas. Su propósito no es crear una moral o una ideología, sino solo avanzar en la comprensión y solución práctica de cualquiera de los problemas que tiene el ser humano.

Por eso en este libro hablaremos de las formas más efectivas de gestionar las relaciones personales desde el punto de vista de la psicología. Cuando digo *«más efectivas»* me refiero a la forma más operativa, más útil, para que las personas satisfagan sus necesidades afectivas, y sus relaciones personales les aporten beneficios y les permitan continuar desarrollando su personalidad.

Como hemos dicho ya, no profundizaremos en cuestiones morales, ni de valores personales, sino que me limitaré a señalar cuáles son, desde el punto de vista de la psicología, la explicación de la personalidad humana, las reglas que rigen en las relaciones personales y las formas más efectivas de relacionarse unos con otros, para, de esta manera, estar en disposición de conseguir que nuestras relaciones sean más positivas, en el sentido de que nos aporten lo que necesitamos. Y también en el sentido de que aprendamos a evitar rápidamente las posibles consecuencias negativas de relaciones que al principio nos pueden parecer positivas pero que con el tiempo corren el riesgo de convertirse en una fuente de sufrimiento y dolor.

Los estándares de las relaciones personales

Lo que veremos en el libro será un intento de mejorar los actuales estándares de relación entre las personas, alejándose de toda ideología o postura moral, y utilizando las posibilidades que nos proporciona la psicología.

La psicología se ha dado cuenta de que existen unos patrones, unas reglas que marcan la dinámica de las relaciones personales. En base a esas reglas fijaremos unos estándares para las relaciones con otras personas, es decir, un modelo. El criterio que seguiremos será que se traten de estándares que nos permitan satisfacer nuestras necesidades afectivas y evitar el sufrimiento provocado por relaciones personales negativas.

Los argumentos aquí expuestos están sujetos a cualquier crítica, mejora o ampliación, y pretenden ser de utilidad para cualquier persona, independientemente de su cultura, ideología o religión, porque, a pesar de que le hayan dicho lo contrario muchas veces, *cada persona no es un mundo.*

7. CADA PERSONA NO ES UN MUNDO

> «Un vago sentido de orden emerge de cualquier
> observación continuada de la conducta humana».
> B. F. Skinner

Todos escuchamos con frecuencia la frase *«cada persona es un mundo»*. Su significado parece ser que cada persona es muy compleja y diferente de las demás. Como consecuencia, se desprende de la frase, es prácticamente imposible conocer a una persona, por la diversidad de personas que hay y por las diferencias que se dan entre ellas. Por lo tanto, siguiendo el razonamiento de la frase, debe ser muy difícil relacionarse eficazmente unos con otros: que una persona sea de una forma, no quiere decir que las demás sean así también.

En caso de que esté de acuerdo con esa afirmación, siento decepcionarle, pero cada persona no es un mundo. Es lo primero que debemos tener claro. Igual que fisiológicamente, en nuestro interior, cada persona no es un mundo porque todos tenemos los mismos órganos y las mismas funciones corporales, psicológicamente tampoco cada persona es un mundo.

Claro que hay diferencias, pero dentro de unos patrones comunes. Si tomamos a un grupo de personas lo suficientemente amplio, lo cierto es que empezaremos a ver personalidades que, por lo similar, se repiten. Encontraremos similitudes en las actitudes, en la forma de pensar y en la forma de reaccionar a determinadas situaciones. Puede que usted y yo nos diferenciemos en la manera en que vemos e interpretamos muchas cosas, pero eso no quiere decir que no haya otras personas con las que tengamos más similitudes que diferencias en nuestra forma de ser. Siempre habrá matices, pero no siempre esos matices serán tan importantes como para que nos impidan agrupar a las personas según la similitud de sus personalidades. Y lo que es más importante, esos matices no serán tan significativos como para que nos impidan extraer y establecer unas reglas comunes sobre las personas y sobre las relaciones entre ellas.

De hecho, en las matemáticas estadísticas existe lo que se llama *distribución normal*, que nos dice que si observamos un fenómeno que se repita el número suficiente de veces, acabaremos comprobando que la mayor parte de sus manifestaciones se agrupan en un término medio que constituye lo *normal*. En los extremos de esa distribución estará lo *fuera de lo normal*, en el sentido de que es poco frecuente.

Por ejemplo, si medimos la altura de las personas de un país, irremediablemente acabaremos comprobando que la mayor parte de la población se agrupa en torno a unos valores medios y que en los extremos (personas muy altas y personas muy bajas) están las personas que se salen de la media. De hecho, se las considera altas o bajas por comparación con la altura que se da con mayor frecuencia entre las demás. Esta distribución de las características es aplicable tanto a fenómenos físicos, como sociales y psicológicos.

Exactamente lo mismo pasa con la psicología de las personas y las relaciones humanas: si observamos al número suficiente de personas durante el tiempo suficiente, veremos que hay unos patrones que se repiten en la mayoría de los casos, y de la observación de esos patrones podremos extraer unas reglas comunes.

Curva de distribución normal o curva de Gauss.

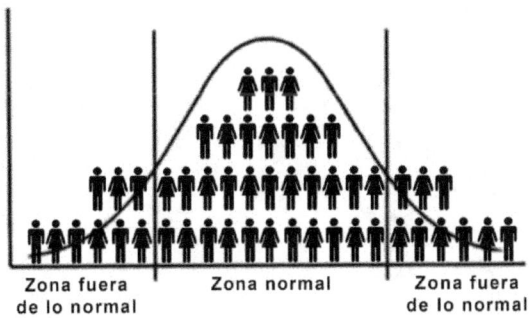

Zona fuera de lo normal   Zona normal   Zona fuera de lo normal

En el caso de las personalidades humanas y las diferencias psicológicas entre ellas, en la zona normal estaríamos, estadísticamente, la gran mayoría de las personas. En la zona fuera de lo normal estarían personalidades que se salen de la norma, sea para bien o para mal. Pero la gran mayoría estaríamos en la zona del medio para casi cualquier característica psicológica.

Así que las personas somos especiales porque existimos como seres únicos, físicamente irrepetibles, pero no somos especiales porque no haya nadie que se nos parezca. Nos unen a cualquier otra persona más características que las que nos separan. En muchas ocasiones, es la trayectoria de nuestra vida, nuestras circunstancias y las relaciones que hayamos ido estableciendo, por la forma en que nos influyen y determinan nuestra vida, lo que nos diferencia de los demás antes que las características individuales.

Por esto, aunque se pueda continuar diciendo que cada persona es un mundo, hay que tener en cuenta que no muy lejos de nosotros hay siempre muchos otros «mundos» similares. Solo es cuestión de saber cómo llegar hasta ellos.

III. LAS CLAVES DE UNA PERSONA

«El cuerpo humano es el carruaje; el yo, la persona
que lo conduce; el pensamiento son las riendas, y los
sentimientos los caballos».

Platón

Antes de empezar a hablar de las relaciones personales es imprescindible que entendamos mejor a quienes las componen: las personas.

Para entender a las personas es necesario saber por qué somos como somos. Por eso, en los siguientes capítulos desarrollaremos, de forma breve, una serie de conceptos que le ayudarán a entender cómo es, desde el punto de vista psicológico, una persona.

Trataremos este tema a un nivel general, sin entrar en excesivos detalles ni complejidades, pero con la suficiente profundidad para dotar a los lectores de esas nociones básicas sobre psicología de las que hablábamos al principio del libro. Estas nociones serán suficientes para que podamos entendernos un poco mejor a nosotros mismos y a los demás. De esta forma estaremos en una mejor posición para comprender lo que la combinación de las personas crea: las relaciones personales.

Psicológicamente hablando, una persona es el resultado de un cóctel en el que se ponen varios ingredientes y se agitan para que interactúen y se mezclen unos con otros. El combinado resultante de esa mezcla es el *yo*.

Para entender mejor a las personas, debemos entonces conocer cuáles son los ingredientes de ese cóctel. Así pues, los ingredientes que forman la psicología de una persona son:

1.- Cómo es.
2.- Cómo siente.
3.- Cómo piensa.

Cómo es lo vamos a tratar hablando de qué es y por qué elementos está formada la personalidad humana.

Cómo siente lo trataremos explicando las emociones que experimentamos los seres humanos durante nuestra vida y cómo influyen en nuestra forma de ser y comportarnos.

Cómo piensa lo abordaremos analizando de qué manera ve el mundo una persona y qué filtros aplica al pensar sobre la realidad.

Por último veremos cómo las personas expresamos estos tres factores por medio de nuestras actitudes y nuestro comportamiento en lo que llamaremos *la lógica interna*.

8. CÓMO ES UNA PERSONA: SU PERSONALIDAD

> «Las personas reales están repletas de seres imaginarios».
> Graham Greene

Hemos visto ya, supongo que no sin alguna opinión en contra por parte de algún lector, que cada persona no es un mundo. La personalidad humana se puede dividir en una serie de características que son comunes a todas las personas, y las diferencias no estarán en si una persona tiene o no tiene esas características, sino en el grado en que las tenga.

La personalidad humana está compuesta por *rasgos de personalidad*. Un rasgo de personalidad es una predisposición para comportarnos de una forma determinada. Es decir, según nuestros rasgos de personalidad tendremos más tendencia a pensar y comportarnos de una manera en concreto ante una situación. Así que podemos decir que los rasgos de personalidad determinan la manera en que, con más probabilidad, nos comportaremos.

Los rasgos de personalidad son estables a lo largo de toda nuestra vida. Aunque con la edad, y por efecto de la experiencia, se puedan ir modulando o produciendo en ellos pequeños cambios, lo cierto es que no van a ser cambios muy significativos, por lo que nuestros rasgos de personalidad tenderán a mantenerse, dentro de unos límites, estables durante toda nuestra vida.

Los rasgos de personalidad son comunes a todos los seres humanos, independientemente de su origen, edad, sexo, cultura y raza. Se puede decir que son *universales*, en el sentido de que son los mismos para todas las personas que, en cualquier tiempo y lugar, han vivido o viven.

Son cinco los rasgos básicos que forman la personalidad de los seres humanos. Se les conoce como «los Cinco Grandes», y son los siguientes:

1.- Afabilidad.
2.- Responsabilidad/minuciosidad.
3.- Extraversión.
4.- Neuroticismo.
5.- Apertura a la experiencia.

Cada rasgo es un continuo, con polos en sus extremos. En un punto de ese continuo se define cada rasgo para cada uno de nosotros. Lo que nos diferencia a unos de otros es el punto del continuo en el que está cada persona para cada rasgo. Mucha gente estará en puntos más o menos alejados del nuestro, pero habrá personas que estén cerca o incluso en el mismo punto que nosotros. Cada uno de nosotros tendremos un determinado grado para cada rasgo.

Ejemplo de rasgo como continuo.

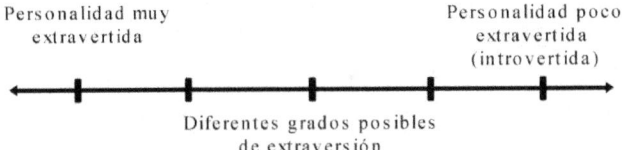

RASGO EXTRAVERSIÓN

Personalidad muy extravertida

Personalidad poco extravertida (introvertida)

Diferentes grados posibles de extraversión

Así, un rasgo se podrá dar, digamos, de 0 a 10, o sea en diferentes grados entre sus polos, que serían los niveles alto y bajo. Por ejemplo, una persona puede tener un alto grado de extraversión, un grado más o menos intermedio o un grado muy bajo (introversión).

Debido a que los nombres de los rasgos son términos traducidos del inglés, y a que algunos de ellos se han popularizado, a algunos lectores les puede confundir su significado. *Extraversión* se ha popularizado con el significado de ser divertido o abierto con la gente, cuando psicológicamente significa mucho más. Lo mismo ocurre con *neuroticismo*, que se ha popularizado con un significado de trastorno, cuando su significado psicológico no es peyorativo, sino que se refiere, básicamente, a la inestabilidad emocional. Y *afabilidad* no es algo tan sencillo como ser amable, como nos diría un diccionario. En todos los casos, aunque el significado popular de los rasgos pueda tener algo de razón, como todo lo que se generaliza, su significado psicológico es más amplio y objetivo.

Además, hay que tener en cuenta que los nombres de los rasgos de personalidad no los califican en términos de positivos o negativos, sino que solo los describen desde un punto de vista psicológico. Todos son válidos, en todos sus grados, porque son la base de la personalidad humana. Son el ambiente y los juicios de los demás quienes, a veces, pueden hacer parecer los rasgos de personalidad de alguien como inválidos o incorrectos.

En psicología, cuando se mide la personalidad humana, lo que se hace es medir cada rasgo en alto o bajo, no se le da al nivel bajo un nombre. Por ejemplo, se dirá *baja extraversión* en lugar de *introversión*, o *bajo neuroticismo* para las personas que muestren estabilidad emocional. Sin embargo, en este capítulo vamos a decir cuáles podrían ser los dos polos de cada rasgo para hacer su explicación más comprensible.

— Para el rasgo *afabilidad*, el polo bajo será *egocentrismo*.
— Para el rasgo *responsabilidad*, el polo bajo será *impulsividad*.
— Para el rasgo *extraversión*, el polo bajo será *introversión*.
— Para el rasgo *neuroticismo*, el polo bajo será *estabilidad emocional*.
— Para el rasgo *apertura a la experiencia*, el polo bajo será *cierre a la experiencia*.

Rasgos de personalidad con sus polos.

Rasgos de personalidad con sus polos	
Polo alto	Polo bajo
1. Afabilidad	1. Egocentrismo
2. Responsabilidad	2. Impulsividad
3. Extraversión	3. Introversión

4. Neuroticismo	4. Estabilidad emocional
5. Apertura a la experiencia	5. Cierre a la experiencia

Desarrollaremos ahora, de forma muy breve, el significado de cada uno de los cinco grandes rasgos de personalidad para cada uno de sus polos.

Afabilidad

— **Afabilidad.** Las personas con alta afabilidad tienen una gran capacidad para percibir las emociones y las necesidades de los demás. Poseen un buen autocontrol emocional, tanto en su forma de expresarse como en sus comportamientos. Son cordiales y les gusta estar rodeados de otras personas. Tienden a desarrollar relaciones basadas en el apego emocional. Son personas muy pacientes.

— **Egocentrismo.** Las personas con bajo grado de afabilidad tienden al egocentrismo. Para ellos, sus necesidades son más importantes que las de los demás. Suelen ser impacientes y no profundizan con facilidad en las relaciones personales. Prefieren la soledad o las relaciones superficiales antes que las relaciones profundas.

Responsabilidad/minuciosidad

— **Responsabilidad.** A las personas con un nivel alto de este rasgo les gusta el orden. Muestran una gran atención a los detalles. Son disciplinadas y respetan las normas sociales. Les gusta planificar y reflexionar antes de actuar. Suelen ser personas muy resistentes a situaciones estresantes, debido a que tienen un gran autocontrol.

— **Impulsividad.** Las personas psicológicamente impulsivas son personas que prefieren la acción antes que la reflexión. No les gusta planificar y tampoco les gusta que les marquen demasiadas normas o reglas. Tienen poco autocontrol, por lo que tienden a expresarse con pasión. Son personas muy emocionales.

Extraversión

— **Extraversión.** Un rasgo alto de extraversión en una persona significa que es muy sociable. Es también muy excitable, por lo que suele actuar guiada por impulsos. Las personas con alta extraversión muestran tendencia al movimiento y a la actividad física. Suelen ser despreocupadas y optimistas. Les gustan los cambios y experimentar nuevas situaciones, por lo que se suele decir de ellas que son *«buscadoras de sensaciones»*. Son vitales, y en sus relaciones con los demás muestran tendencia a ser dominantes.

— **Introversión.** Las personas introvertidas son poco expresivas. Encuentran el placer en los estímulos de su mundo interior antes que en la realidad exterior, por lo que son poco sociables. No les gusta interactuar demasiado con las personas ni con el mundo exterior. Por eso, pueden ser personas con un gran mundo interior. Tienden a la intelectualidad y a la reflexión más que a la sociabilidad.

Neuroticismo

— **Neuroticismo.** El neuroticismo se refiere a la estabilidad emocional de una persona. Personas con un alto grado de neuroticismo suelen ser inestables emocionalmente, por lo que tienden a desequilibrarse ante situaciones que les causen estrés. No responden bien a la presión. A menudo suelen desarrollar ansiedad, comportamientos irracionales y preocupaciones constantes por casi todo. Tienen tendencia a la culpabilidad, a la tristeza y a tomar decisiones precipitadas para lograr poner fin a las situaciones que les estresan.

— **Estabilidad emocional.** La estabilidad emocional es el polo bajo del neuroticismo. Las personas estables emocionalmente tienen autocontrol y valoran que las demás lo tengan. No suelen tener reacciones desproporcionadas y soportan bien el estrés. Son equilibradas en sus comportamientos y sus juicios. Intentan siempre hacerse una idea objetiva de todas las situaciones.

— **Apertura a la experiencia.** Estas personas suele ser creativas. Son también muy tolerantes con la forma de ser de los demás. Les gusta experimentar con las cosas y las situaciones y se suelen guiar por su propio criterio antes que por las opiniones de otros.

— **Cierre a la experiencia.** Las personas con niveles bajos de este rasgo tienden a ser conservadoras, en el sentido de que no les gustan los cambios y prefieren las cosas y situaciones conocidas que las nuevas por conocer. Respetan las normas porque para ellas son garantía de que todo se mantendrá dentro del orden que ya conocen y que les hace sentir cómodas.

Genética y ambiente

Es el eterno debate. Muchos lectores lo habrán pensado ya. Podemos tener unos rasgos de personalidad, pero después es el ambiente quien se encarga de sacarlos a la luz y posibilitar que se desarrollen. La genética importa, pero el ambiente también. ¿O no?

Es cierto, nadie lo pone en duda actualmente, pero lo que no está tan claro es la importancia de cada uno. Últimamente se está comprobando que es la genética quien más peso tiene en cómo somos, antes que el ambiente. De hecho, se está llegando a la conclusión de que, según nuestros rasgos de personalidad, tendemos a seleccionar con qué estímulos de cada uno de los ambientes que nos rodean (hogar, familia, escuela, amigos, trabajo) interactuamos. Parece que las personas tendemos a seleccionar ambientes, o partes del ambiente, que estén en consonancia con nuestros rasgos de personalidad.

Esto explicaría por qué varios hermanos, nacidos y criados en las mismas condiciones, pueden ser totalmente distintos, con personalidades diferentes que les llevan a seguir diferentes caminos en la vida. Las formas de vida elegidas serán la expresión de la personalidad de cada uno.

Un ejercicio de análisis

Para terminar este apartado sobre la personalidad humana le propongo un pequeño ejercicio de análisis: ahora que sabe cuáles son los cinco rasgos de la personalidad, piense en usted e intente adivinar en qué grado se encuentra para cada uno de ellos.

Cuando lo haya hecho, piense en personas a las que conoce e intente situarlas a ellas también en un nivel del continuo para cada uno de los rasgos. No juzgue, solo trate de posicionar a cada persona en cada uno de los cinco grandes.

Así comprobará que ha ganado ya una mayor comprensión y conocimiento de su personalidad y la de los demás. Entendiendo un poco mejor a las personas podremos entender mejor las relaciones que se forman entre ellas, porque entenderemos más su forma de ser y sus reacciones.

9. CÓMO SIENTE UNA PERSONA: SUS EMOCIONES

«No somos responsables de las emociones, pero sí de lo que hacemos con las emociones».
Jorge Bucay

Igual que la personalidad se define por cinco rasgos de personalidad, con las emociones pasa, al menos al principio, algo parecido.

Los seres humanos tenemos solo seis emociones básicas, que son, como los cinco grandes rasgos de personalidad, universales, es decir comunes a todos nosotros independientemente de nuestra raza, edad, sexo, origen o época que nos haya tocado vivir. Estas seis emociones básicas son:

1.- Alegría.
2.- Tristeza.
3.- Sorpresa.
4.- Miedo.
5.- Ira.
6.- Aversión.

Veámoslas en detalle.

Alegría

La alegría es una emoción de excitación, provocada por el cumplimiento de nuestros deseos o expectativas, que produce un súbito y repentino aumento de la vitalidad.

Tristeza

La tristeza podemos definirla como la tendencia a la soledad y al aislamiento, generalmente causada por una pérdida o una situación que nos produce contrariedad. Es una sensación interior de angustia ante una situación.

Sorpresa

La sorpresa es un impulso emocional que nos pone en alerta y centra, en muy poco tiempo, toda nuestra atención en un determinado estímulo.

Miedo

El miedo es una sensación que nos provoca el impulso de luchar o huir, bien para defendernos, bien para evitar un peligro o una situación que anticipamos que puede suponer un peligro.

Ira

La ira se define como una emoción con deseo de atacar para causar daño, provocada como reacción a lo que percibimos como una agresión sin motivo hacia nosotros.

Aversión

La aversión es una sensación de repugnancia, repulsión o asco. Es una emoción que provoca en nosotros el impulso de alejarnos de un determinado estímulo o situación.

Estas son las seis emociones básicas que todos tenemos. Sin embargo, el mundo emocional de las personas se vuelve mucho más complejo cuando hacen su aparición los *sentimientos*, que en contra de lo que pueda pensar mucha gente, no son lo mismo que las emociones.

Impulsos instintivos

Lo primero que tenemos que saber sobre las emociones es que son *impulsos instintivos*, impulsos que no podemos evitar y que provocan en nosotros reacciones automáticas.

Las emociones se formaron y se incorporaron al código genético de nuestros antepasados biológicos hace millones de años, y han permanecido inalterables durante todo el proceso evolutivo hasta llegar a nuestros días.

Las emociones provocan reacciones automáticas, que no podemos evitar y sobre las que no tenemos ningún control. Las emociones propiamente dichas duran tan solo unos segundos, el tiempo suficiente para que se produzcan determinadas reacciones químicas en nuestro interior y se traduzcan en acciones. Por ejemplo, el miedo que sentimos si alguien nos da un susto, es una emoción básica, y dura solo unos segundos. En ese breve lapso de tiempo, nuestra química corporal se altera para que nuestros músculos se activen y ejecuten la acción de luchar o huir.

Emociones y sentimientos

La mayoría de las personas confunde ambos, cuando en realidad son diferentes. Los sentimientos son también sensaciones emocionales, por decirlo de alguna manera, pero no son instintivas ni automáticas, sino que los creamos nosotros con nuestros pensamientos, al pensar sobre las emociones y sobre las situaciones que les dieron lugar.

Siguiendo con el ejemplo anterior, si alguien nos dio un susto cuando íbamos por la calle (imaginemos que nos querían atracar), es muy posible que, en los días posteriores, cada vez que pasemos por el mismo sitio pensemos sobre la situación y sobre la emoción de miedo que sentimos, y comencemos a sentir temor de pasar por allí. E incluso sin pasar por el lugar, estando en nuestra casa, con nuestros pensamientos, recordando la situación, podemos ir haciendo que un sentimiento de temor (a estar solos, a cualquier ruido) crezca en nosotros.

Otro ejemplo de sentimiento es el amor. Podemos conocer a alguien que en un primer momento, por su forma de ser, nos despierte la emoción básica de alegría. Seremos nosotros, los que, cuando la situación ya haya pasado, iremos creando y alimentando en nuestro interior un sentimiento amoroso al pensar sobre la situación en que estaba presente esa persona.

Los sentimientos son de mayor duración en el tiempo que las emociones. Y aunque también generan reacciones en nosotros, estas no son automáticas, por lo que tenemos control sobre ellas.

Los sentimientos humanos son muchos y muy variados, y los podemos experimentar en diferentes intensidades: culpa, vergüenza, envidia, celos, alivio, esperanza, amor, agradecimiento, compasión, tranquilidad, valentía, nostalgia, nerviosismo, impaciencia, soberbia, desprecio, capricho, desgana, felicidad, enfado... El mundo sentimental humano es muy variado y complejo.

Emociones y sentimientos en las relaciones personales

Uno de los problemas que las emociones y los sentimientos pueden causarnos en las relaciones personales es que confundamos las primeras, las emociones, con los segundos, los sentimientos. Así, pensar que nuestra primera reacción a una situación de la relación que no nos guste es lo que verdaderamente sentimos nos puede traer problemas, porque puede que nos comportemos de una forma de la que nos arrepentiremos cuando la emoción haya pasado.

Reaccionar emocionalmente ante una determinada situación con otra persona (miedo, ira o aversión por una opinión, una confesión o un malentendido, por ejemplo) no quiere decir que con el paso del tiempo, una vez que hayamos creado un sentimiento a partir de la primera emoción, esa emoción no se haya transformado en un sentimiento de comprensión, dudas o culpabilidad.

En cualquier tipo de relación, sobre todo al principio, tendemos a reaccionar de manera emocional, cuando aún no tenemos formados sentimientos claros respecto a esa relación. Si no sabemos esperar, y darnos tiempo para que se formen los sentimientos, y reaccionar según ellos y no de acuerdo con nuestras emociones, nos podemos encontrar con que evitamos, estropeamos o rompemos relaciones por reacciones emocionales que acabarán dando lugar a sentimientos que no esperábamos y que nos pueden hacer sentir que dejamos pasar la oportunidad de conseguir una buena relación.

También ocurre que, en muchas ocasiones, durante los primeros tiempos en los que se crea una relación, ya se siembra la semilla que acabará extinguiéndola, porque se crean situaciones que dan lugar a emociones que no se saben gestionar adecuadamente y que acaban derivando en la creación de sentimientos negativos que terminarán por afectar a la relación.

Es obvio que emociones y sentimientos juegan un papel fundamental en las relaciones humanas. Sin embargo, es curioso cuánto desconoce la gente sobre sus procesos emocionales. Debido a esto, muchas veces las relaciones con otras personas, y nuestros propios pensamientos y comportamientos, están dominados por las emociones. Demasiado a menudo somos «prisioneros» de nuestras emociones, lo que nos lleva a reaccionar emocionalmente, sin pensar, ante las situaciones, y eso suele complicar las relaciones.

Además, a una buena parte de la gente decirle que se debe o se puede tener control sobre las emociones les puede parecer, primero, muy difícil, y segundo, como si se les estuviera diciendo que se convirtieran en una especie de robots. Sin embargo, se pueden controlar las emociones, y eso no significa no sentirlas, sino saber gestionarlas, es decir, no dejarse dominar por ellas, reaccionar como queremos y no como ellas nos dictan, y aprovecharlas como impulsos para movernos, nosotros y nuestras relaciones, en la dirección que deseamos.

10. CÓMO PIENSA UNA PERSONA: SU MENTE

«No vemos jamás las cosas tal cual son, las vemos tal cual somos».
Anaïs Nin

A estas alturas del libro tenemos ya unas nociones acerca de cómo es y cómo siente una persona. Sabemos que la personalidad se define por cinco grandes rasgos, y que tenemos seis emociones básicas sobre las que construimos nuestro complejo mundo emocional. Pues de la misma forma, nuestra manera de pensar, en lo que se refiere a como interpretamos el mundo y a las personas, se puede resumir en seis tipos de creencias, llamadas *creencias irracionales*, que constituyen la base de nuestra visión del mundo.

Nuestra personalidad y nuestra forma de sentir van a determinar en gran parte nuestra forma de pensar. Las personas solemos interpretar el mundo y a los demás según una vara de medir. Esta vara de medir somos nosotros mismos.

A medida que crecemos vamos creando en nuestra mente una serie de supuestos mediante los cuales interpretamos y filtramos la realidad. Pensamos sobre las cosas basándonos en esos supuestos.

En muchos casos, estos supuestos los hemos creado solo a partir de unas pocas experiencias, pero los tomamos como generalizables a todas las demás experiencias que podamos ir teniendo. Esto nos impide ver buena parte de la realidad tal cual es, incluidas las personas y su forma de actuar, ya que estos supuestos actúan como filtros a la hora de procesar la información que recibimos del exterior. Actúan como *prejuicios* (conclusiones a las que hemos llegado antes del juicio).

Estos supuestos son muchos, pero están todos basados en seis creencias básicas, las creencias irracionales.

Los seis tipos de creencias irracionales sobre los que construimos nuestra visión de la realidad son los siguientes:

1.- Tener expectativas poco realistas.
2.- Ver solo la parte negativa de las cosas.
3.- Creer que una situación es insoportable.
4.- Culpar a los demás si las cosas no son como esperábamos.
5.- Creer que el mundo es injusto.
6.- Creer que todos deben reconocer lo que valemos.

A partir de estos seis tipos de creencias elaboramos la infinidad de supuestos y premisas con los que interpretamos la realidad.

Todas ellas son erróneas, ya que objetivamente la realidad es más amplia. Veamos algunos de los supuestos que creamos a partir de cada una de las creencias irracionales, y cuál es, o podría ser, una realidad más objetiva.

Creencia irracional: Tener expectativas poco realistas

— **Supuestos:** «*Nada me saldrá mal*», «*esto no me puede pasar*», «*esto no está pasando*», «*eso no me pasará a mí*», «*siempre me hago una ida muy acertada de como son las cosas y las personas*», «*valoro bien las situaciones*», «*mi punto de vista es el correcto*», «*no me puedo equivocar*», «*las cosas son como yo las veo*», «*todo me saldrá siempre bien*», «*no le intereso a nadie*», «*nadie merece la pena*».

— **Realidad:** Las situaciones dependen de muchos factores y de otras personas, por lo que es normal que al predecirlas nos equivoquemos. Hacemos predicciones equivocadas sobre la realidad, y después nos decepcionamos si no se cumplen.

Creencia irracional: Ver solo la parte negativa de las cosas

— **Supuestos:** «*Todo me sale siempre mal*», «*si lo intento seguro que me saldrá mal*», «*es lo peor que me podía haber pasado*», «*prefería no haberlo intentado*», «*no tengo nada que ofrecer a nadie*».

— **Realidad:** Todas las situaciones tienen una parte positiva o al menos no tan negativa como la que vemos. Verla o no es solo cuestión de predisposición mental.

Creencia irracional: Creer que una situación es insoportable

— **Supuestos:** «*No aguanto más*», «*no lo aguantaré si tengo que pasar por lo mismo otra vez*», «*no soy tan fuerte*», «*soy débil*», «*eso me hará sufrir más de lo que soy capaz de soportar*».

— **Realidad:** Cualquier situación, casi siempre, se puede soportar un poco más. Lo que ocurre es que sabemos que eso supondrá más sufrimiento, esfuerzo o sacrificio del que estamos dispuestos a hacer, así que nos negamos a aceptarlo, y como consecuencia pensamos que no podremos aguantarlo.

Creencia irracional: Culpar a los demás si las cosas no son como esperábamos

— **Supuestos:** «*Yo tengo razón y los demás están equivocados*», «*las cosas deberían ser como yo creo*», «*los demás no saben cómo son las cosas de verdad*», «*ya se arrepentirán*», «*fue culpa de él/ella*», «*yo no me equivoco*», «*a partir de ahora voy a pensar solo en mí*».

— **Realidad:** Los demás no tienen la culpa, ellos también van reaccionando a la vida como pueden. En el mejor de los casos, algunas personas pueden ser responsables de parte de una situación, pero al final del día cada uno es responsable del curso de su propia vida.

Creencia irracional: Creer que el mundo es injusto

— **Supuestos:** «*Las cosas no deberían ser así*», «*si el mundo es injusto no hay razón para que yo trate de ser justo con los demás*», «*todo funciona mal*», «*nadie hace las cosas como deberían hacerse*», «*estoy solo contra el mundo*», «*no hay quien entienda a la gente*», «*si nadie me entiende, yo tampoco tengo por qué esforzarme en entender a nadie*», «*me voy a dedicar a vivir la vida y disfrutar porque esforzarse no vale la pena*».

— **Realidad:** El mundo no conspira contra nosotros. No somos tan importantes. Lo que ocurre es que el mundo no es un sitio perfecto y por lo tanto las situaciones y las personas tampoco lo son.

Creencia irracional: Creer que todos deben reconocer lo que valemos

— **Supuestos:** «*Si soy buena persona los demás deben reconocerlo*», «*todo el mundo reconoce lo bueno cuando lo ve*», «*soy mejor que muchos y eso debe saltar a la vista*», «*todos deben tener paciencia conmigo*», «*todos deben querer conocerme*», «*debo caer bien a todo el mundo*», «*los demás tienen que entenderme*».

— **Realidad:** Nosotros tampoco reconocemos en los demás todo lo que valen, así que, ¿por qué los demás iban a actuar mejor de lo que nosotros somos capaces?

Es relativamente sencillo ver el efecto que estos supuestos tienen en las relaciones personales. Demasiadas veces, ante el más ligero indicio que nos resulte extraño o sospechoso, reaccionamos de forma defensiva, recurriendo a alguno de estos supuestos para justificar nuestra reacción.

No siempre las reacciones derivadas de estos supuestos tienen por qué ser negativas, y no siempre actuaremos según ellos en nuestra interacción con el mundo. El aprendizaje, la educación y la capacidad de reflexión enseñan a muchas personas a ver las cosas con más objetividad, a superar con un esfuerzo intelectual esos supuestos y a no ponerse ellas como la medida de todas las cosas.

Pero, a los efectos de entendernos mejor a nosotros mismos y entender mejor las relaciones personales, es importante que sepamos que estas creencias están en nuestro interior y en el de los demás, y que las tengamos en cuenta, porque muchas de las reacciones que la gran mayoría de las personas tienen estarán basadas en supuestos que son variaciones de estas creencias, con las que filtran e interpretan la realidad, incluidos a nosotros.

11. LA LÓGICA INTERNA DE LAS PERSONAS

> «Nadie debe asustarse de lo que piensa, aunque su pensar aparezca en pugna con las más elementales leyes de la lógica».
> Antonio Machado

Los tres *cómo* que hemos visto (cómo es, cómo siente y cómo piensa una persona) determinan lo que podemos denominar *la lógica interna de la personas*, es decir, su forma de percibir e interpretar el mundo.

Todos nos comportamos según nuestra lógica interna, por eso, diferentes personas que reaccionen de forma diferente ante una situación pensarán todas que tienen razón, aun cuando sus comportamientos sean distintos, e incluso opuestos, a los de las demás y se den cuenta de ello. Casi nadie pensará que está reaccionando de forma equivocada. Lo normal es que piense que son los otros quienes lo hacen. La lógica interna es el intento que todos hacemos para conseguir acomodar cómo somos a cómo es el mundo y que podamos así sentir que tenemos control sobre ambas realidades y que responden a principios y reglas que conocemos.

En la medida en que entendamos cómo los rasgos de personalidad influyen en la forma de ser, cómo las emociones influyen en las reacciones de las personas y cómo las experiencias moldean la forma de pensar, más cerca estaremos de entender, al menos en parte, nuestra lógica interna y la de otras personas.

No ser verdaderamente conscientes de que la lógica interna de una persona puede ser completamente distinta a la nuestra, o que, aunque sea similar, puede estar pasando por un momento de desarrollo de su personalidad diferente al que estamos pasando nosotros, lleva a que en las relaciones humanas con frecuencia se produzcan incomprensiones y malas interpretaciones. Siempre debemos ser conscientes de que, por mucho que a nosotros nos cueste entender o compartir una actitud o un comportamiento que veamos en otra persona, ella estará actuando de una forma completamente lógica y coherente, de acuerdo con la lógica interna que su personalidad, sus emociones y su forma de pensar le dicen.

Debemos respetar y esforzarnos en entender la lógica interna de los demás, y también debemos esforzarnos en tratar de expresar y explicar, en la medida de lo posible, la nuestra, para hacerla más comprensible a los demás.

Pero a pesar de estas buenas intenciones y de que entendamos los elementos que forman la lógica interna de las personas, no tenemos manera de ver directamente sus rasgos de personalidad, cómo sienten o cuáles son los supuestos en los que se basan para elaborar sus pensamientos y percibir el mundo. Entonces, ¿cómo podemos acercarnos a la lógica interna de una persona? La respuesta es clara: mediante su *comportamiento*.

Comportamiento y actitudes

«El alma no puede tener secretos sin que la conducta
los revele».
Giovanni Papini

El comportamiento es la manera en que una persona se conduce y se comunica con los demás. Nuestros gestos, nuestras reacciones, los temas de los que hablamos, cómo decimos las cosas... todo lo que hacemos de cara al exterior es siempre un signo claro de quienes somos. Incluso lo que no hacemos o no decimos ya comunica información sobre nosotros para quien esté atento y sepa interpretarlo.

El comportamiento refleja las *actitudes*. Si al principio de este capítulo decíamos que el yo era el resultado del cóctel que combinaba personalidad, emociones y pensamientos, podemos decir que las actitudes son el sabor del cóctel, porque muestran a los demás cómo somos. Nuestras actitudes son las predisposiciones que tenemos frente a la realidad. Son las reglas en las que nos basamos para elegir la manera de comportarnos en cualquier situación.

Cualquier persona está constantemente, quiera o no, comunicando quién es. Su comportamiento es un reflejo de sus actitudes, y sus actitudes son el resultado de cómo es interiormente. Si queremos saber cuál es la lógica interna de otras personas debemos aprender a mirar a los demás con un poco más de detenimiento. Fijarnos en su forma de comportarse nos dará pistas acerca de cuáles son sus actitudes ante nosotros y ante el mundo. Y por medio de sus actitudes sabremos cómo son.

No siempre acertaremos, pero nada nos impide, en un rápido ejercicio de análisis mental, plantearnos hipótesis y tratar de confirmarlas a medida que vayamos creando una relación con otra persona. Así entenderemos mejor a los demás, y el entendimiento, la comprensión mutua, tienen el mágico efecto de derribar todas las barreras invisibles y los obstáculos imaginarios que, demasiado a menudo, las personas levantamos frente a nosotras para protegernos, tanto a la hora de conocer a alguien como a la hora de que alguien nos conozca.

IV. LAS RELACIONES PERSONALES

«En tu relación con cualquier persona, pierdes
mucho si no te tomas el tiempo necesario para
comprenderla».
Rob Goldston

12. LA DINÁMICA DE LAS RELACIONES PERSONALES

«Hay que unirse, no para estar juntos, sino para hacer
algo juntos».
Juan Donoso Cortés

Imagínese que va usted andando por una carretera haciendo autostop. Muchos coches pasan de largo y no paran, pero en un momento dado, un coche le ve y detiene su marcha para llevarle. Usted se sube al coche y saluda al conductor. No se conocen, pero van al mismo sitio, puede que por necesidad o por placer, así que juntos emprenden camino. Ninguno tiene del todo claro cómo llegar a su destino, por lo que, entre los dos, van hablando para conseguir dar con la dirección adecuada, preguntan a otras personas que van encontrando en la carretera, hacen paradas para descansar e incluso se turnan para conducir, para de esta forma seguir el camino que les lleve al destino al que ambos quieren llegar.

Cómo sea ese viaje, las cosas que pasen durante él, si llegan a su destino o se pierden, ya no es solo cuestión de usted, ni tampoco de la persona que le vio haciendo autostop y decidió parar a recogerle. Es cuestión de los dos. Y no vale cualquier cosa para llegar al destino: van en un coche, que debe conducirse de una determinada manera, necesita cierto mantenimiento y cuidados, requiere combustible para funcionar y un permiso para poder conducirlo. Tampoco vale ir por cualquier sitio: tienen que ir por carreteras por las que el coche pueda circular. Su viaje, el viaje de ambos, tiene unas limitaciones y unas reglas que hay que conocer y cumplir si se quiere llegar al destino. Podemos decir que el viaje tiene una *dinámica propia* que es más que lo que quiera o lo que haga cada una de las personas que van en el coche.

Cuando nos relacionamos con otra persona se crea *algo*. Ese algo es la relación, y no es ni lo que nosotros creemos percibir, ni lo que piensa que percibe la otra persona. Es el resultado de la interacción entre ambos. Y esa interacción, esa relación de dos personas, es más que la suma de sus partes. Al ser más que nosotros mismos, no está totalmente bajo nuestro control, y tampoco está bajo el control de la otra persona. Cualquier relación tiene una dinámica propia que se guía por unas reglas, que son las que dicen cómo puede empezar, desarrollarse e incluso terminar. Las personas que forman la relación serán, en buena medida, «prisioneras» de esa dinámica.

En cierta forma, se puede decir que una relación es un ente propio, que es más que la suma de sus partes y que surge y se desarrolla siguiendo unas reglas que no imponen las personas sino que son comunes a todas las relaciones.

La dinámica de las relaciones personales se compone de tres etapas:

1.- Definición.
2.- Desarrollo.
3.- Extinción.

1. Definición de la relación

Pongamos de nuevo nuestra imaginación a funcionar. Piense que es usted un ingeniero de una fábrica de coches y que quiere comprobar la resistencia de los vehículos en un choque frontal. Para eso, diseña una prueba que consistirá en lanzar un vehículo contra otro.

Visualice ahora dos coches, sin conductor (recuerde que es una prueba, no un accidente), que lanzamos uno contra el otro para comprobar los efectos del choque. Imagínese en cámara lenta el momento en el que ambos vehículos colisionan.

Cuando chocan, el impacto hace que cada uno de los coches se deforme de una manera determinada. Las zonas de impacto de cada uno de los vehículos se doblarán al chocar y seguirán unas trayectorias específicas. Una vez que las partes de cada uno de los coches empiecen a seguir una trayectoria, otras trayectorias, posibles antes del impacto, quedarán descartadas. A medida que continúe la inercia del choque y los vehículos continúen aproximándose uno al otro debido a la velocidad que llevaban, las zonas de colisión de los coches tenderán a seguir las trayectorias iniciadas (por ejemplo, si los capós se empezaron a doblar hacia arriba, a medida que continúe la inercia de la colisión seguirán doblándose hacia arriba, y otra trayectoria posible, como doblarse hacia un lado, habrá quedado descartada).

Salvando las distancias entre las personas y este sencillo ejemplo, en las relaciones personales ocurre algo parecido. Una relación es un «choque» entre dos personalidades. Desde el mismo momento en que conocemos a alguien, nuestra forma de relacionarnos con esa persona empieza a seguir unas determinadas trayectorias, que interactúan con la personalidad de la otra persona, y viceversa, por lo que otras posibles formas de relacionarnos empiezan a perder fuerza y ser menos probables. Este proceso es lo que se conoce como *definición de la relación*.

A medida que sigamos relacionándonos con esa persona y no usemos otras formas posibles de interactuar con ella, unas formas de relacionarnos ganaran más fuerza a base de usarlas y serán las que definan nuestra relación. Otras formas de interactuar perderán fuerza y no las usaremos nunca. Nuestra relación con esa persona habrá quedado definida por unas determinadas formas de relacionarnos. Si en algún momento, una vez definida la relación, intentamos usar formas de interactuar que no hemos utilizado para definirla, es posible que nosotros y la otra persona nos sintamos extraños e incómodos.

¿No le pasa que no se comporta igual con todas las personas que conoce? Con unas personas somos más simpáticos, con otras más serios, con algunas más ingeniosos y con algunas otras nos podemos sentir un poco incómodos. Esto se debe a que no nos relacionamos igual con todas las personas, debido a que con unas hemos definido la relación usando unas formas distintas de relacionarnos que con otras.

¿A veces no siente que es incapaz de ser con alguien tal y como es con otra persona? Eso es porque quiere usar unas formas de relacionarse distintas a las que han definido la relación con esa persona. Hay personas con las que somos de una determinada manera y nos resulta casi imposible ser de otra forma distinta porque somos prisioneros de la definición de la relación que hemos hecho. Por ejemplo, hay personas con las siempre nos sentimos desconfiados, o con las que tendemos a ser cariñosos, propensos a enfadarnos o a hablar de determinados temas. Incluso no nos expresamos igual con toda la gente que conocemos: cambiamos nuestro lenguaje, nuestro vocabulario y hasta nuestro tono de voz según quien sea la persona con la que estemos interactuando. Todo es por la forma en hemos definido la relación.

Una vez que se produce el choque entre dos personalidades, no todas las opciones son posibles, como ocurría en el ejemplo de los coches. Las características de cada una de las personalidades dan lugar a un determinado tipo de relación. Lo que hagamos para definir la relación va a ser una mezcla entre cómo somos y cómo reaccionamos a cómo es la otra persona, y lo que la otra persona haga va a ser también el resultado de cómo es y cómo reacciona a nuestra forma de ser.

Una relación es entonces el resultado de la interacción entre personalidades humanas. Cuando se produce esa interacción, al sumarse cada una de las características de las personalidades individuales, se van formando las características de una *personalidad global*, la personalidad de la relación, y una vez que se haya definido no será fácil volver atrás y tomar otros caminos.

Si, por ejemplo, en una relación de pareja somos más bien secos al expresar nuestras emociones y nuestra pareja es muy cariñosa, puede pedirnos con insistencia que le demostremos afecto verbalmente. Nosotros, si empezamos a rechazar esas demandas, cada vez más nos iremos acostumbrando a mantener esa actitud frente a las peticiones de afecto, lo que hará que la característica global de nuestra relación sea que no es una relación en la que se demuestre el afecto verbalmente y que a una de las dos personas eso no le guste. Si con el paso del tiempo, de repente un día decidimos ser cariñosos, es muy probable que, como mínimo, nuestra pareja se sorprenda.

Esta característica, como cualquier otra, se definirá junto con muchas otras en las primeras interacciones entre ambos, pero en pequeños detalles, sin que cause conflicto en los primeros momentos, por lo que irá teniendo tiempo a asentarse y a volverse un rasgo propio de la personalidad de la relación.

Una vez definida una relación será cada vez más difícil volver atrás y cambiar los comportamientos con los que interactuamos. Una pareja que ha definido su relación como poco afectiva verbalmente no va a pasar de un día para otro a ser todo lo contrario. Su relación habrá tomado un rumbo, y a medida que pase el tiempo será más difícil corregir ese rumbo e ir en otra dirección. Y si se llegara a corregir el rumbo, sería porque ambos han realizado un esfuerzo consciente y voluntario para modificar la dinámica de la relación.

Según vamos interactuando con alguien, unas formas de comunicarse y comportarse se dan con más frecuencia, y por lo tanto será más probable que se repitan, y otras formas de relacionarse no se dan y empiezan a perder probabilidad de ocurrencia. Aunque siempre serán *posibles* todas las opciones de relacionarse, unas acaban siendo más *probables* que otras.

Veamos un ejemplo. Dos personas se conocen. Una es muy simpática y extrovertida y a la otra le hacen gracia sus comentarios. La relación empieza a definirse, por lo que habrá más tendencia a que una de las personas siempre haga comentarios graciosos y a que la otra los encuentre graciosos. A medida que eso ocurre, otras posibilidades, como hablar de cosas más serias, empiezan a ser menos probables. Ambas personas comienzan a definir la relación en este sentido, con lo que cada vez que interactúen tenderán a relacionarse de esa forma.

Cuanto más tiempo interactúen, más fuerza tomarán esos caminos y más débiles serán otras formas de relacionarse que no hayan escogido. Tendrán más tendencia a relacionarse entre sí de una forma que de otra.

Este ejemplo lo podemos aplicar a cualquier forma de relacionarse, como por ejemplo ser más o menos educados, hablar de unos temas y evitar tocar otros, ser más o menos afectuosos, usar distintos tonos de voz o usar un determinado tipo de lenguaje.

La definición de la relación será más potente cuanto más tiempo pasemos interactuando de una forma determinada con alguien. En la medida en que nos acostumbremos a relacionarnos siempre de la misma manera con una persona, más difícil se nos hará cambiar la forma de relacionarnos con ella y usar otra. Más difícil se nos hará *redefinir la relación.*

Las características de nuestra personalidad, su fortaleza y nuestra madurez personal influirán en lo dependientes que seamos respecto a la manera en que hemos definido una relación. Una persona madura, segura de sí misma, dependerá menos de la definición de una relación porque le dará mucha importancia a expresar lo que piensa y lo que siente, por lo que se obligará a hacerlo, rompiendo con su esfuerzo consciente los límites invisibles que la relación, definida de una determinada manera, le impone.

La importancia de la definición de la relación

A la vista de lo dicho, se desprende la importancia de tener control en las primeras interacciones con una persona, cuando se empieza a definir la relación. ¿Qué pasará, por ejemplo, entre dos amigos, si uno de ellos empieza a consentir bromas en las que se le falte al respeto? ¿O que pasará en un trabajo si alguien permite repetidamente que no se le reconozca el mérito por su esfuerzo o que se le hable sin educación? Tal vez quien consienta estas actitudes se diga que son temporales, pero no se da cuenta de que con su aceptación está aumentando la probabilidad de que se vuelvan a repetir, a la vez que hace más pequeña la probabilidad de que se den las contrarias (que le traten con respeto, que se le reconozca el mérito o que se le hable con educación).

Consejos a la hora de definir una relación

— Aunque le cueste, compórtese siempre de la forma en que quiere ser, no de la que la relación le imponga. Trate de ser usted mismo/a.

— Intente que se le trate de la forma en que considera justa y trate a la otra persona de la forma en que considera justo tratarla.

— Evite cualquier actitud o comportamiento propio que no quiere que domine la relación.

— Censure inmediatamente cualquier actitud o comportamiento ajeno que no quiere que predomine en la relación.

— Acepte la forma de relacionarse de la otra persona. Aunque le parezca extraña al principio, solo necesita tiempo para acostumbrarse. Si no lo hace así, empezará a definir la relación en un sentido que no permita a la otra persona ser ella misma, porque se dará cuenta de la extrañeza que le causa a usted su forma de ser y se autolimitará.

— Pase las pequeñas faltas, los errores sin importancia y sin mala intención de la otra persona.

— No tenga prisa, no fuerce las situaciones. Cuanto más despacio se haga la definición de una relación, más control tendremos sobre cómo la definimos.

— Muéstrese siempre abierto/a a explorar nuevos caminos en una relación.

— Márquese unos límites personales que no permitirá que se traspasen nunca. Esos límites deben constituir su espacio individual, que nunca debe ser invadido por la relación: respeto, educación, sinceridad, seguridad personal, etc.

— Exprese a la otra persona cualquier sentimiento o inquietud con honestidad y moderación.

— Estimule a la otra persona a que se exprese tal y como es.

— Agradezca y trate de recompensar que los demás se muestren tal y como son, aun cuando no comparta sus opiniones o formas de ser. Es la mejor manera de saber con qué personas nos conviene o no tener relaciones.

— No permita que censuren sus actitudes o comportamientos positivos.

— No censure actitudes o comportamientos positivos de la otra persona.

2. Desarrollo

Una vez definida y encauzada la relación, llega la segunda etapa, el período de desarrollo. Esta parte va a estar marcada por la inercia que haya cogido la relación en la etapa de definición: tenderemos a relacionarnos más utilizando las formas de interactuar que hayamos usado en la primera etapa. Por eso, la dinámica de la relación siempre va a tratar de ir por los caminos por los que la hemos definido, aun cuando ninguna de las dos personas esté completamente de acuerdo. Simplemente, se dejarán llevar porque les resultará más cómodo.

A la hora de desarrollar y mantener una relación debemos tener en cuenta varias características propias de las relaciones personales.

Interacción

En una relación las personas no nos comportamos como somos individualmente, sino que tendemos a comportarnos como somos en la interacción con esa persona. Podría decirse que, en parte, actuamos según la imagen que creemos que tiene la otra persona de nosotros.

Probabilidad

A medida que vamos avanzando en una relación, esta se va definiendo más, por lo que la probabilidad de que actuemos, digamos o expresemos determinadas cosas aumenta o disminuye. Así, con una persona con la que tenemos exclusivamente una relación de trabajo y con la que jamás hemos hablado de otros temas, lo normal es que si nos la encontramos por la calle haya una gran probabilidad de que solo hablemos de cosas de trabajo y nos cueste hablar de otro tema. Y con una persona con la que tenemos una relación afectiva en la que discutimos con frecuencia, la probabilidad de que haya discusiones por cualquier cosa es mucho mayor que si hubiéramos definido la relación hacia una forma de interactuar más dialogante o de mayor respeto mutuo.

Autorregulación

La relación siempre tratará de volver al estado en que se la ha definido. Si intentamos comportarnos de una forma distinta a como hemos definido una relación, primero nosotros mismos nos sentiremos extraños, y segundo, le resultaremos extraños a la otra persona, que puede llegar a sentirse incómoda con nuestro nuevo yo, y hará y dirá cosas para censurarnos y que volvamos a ser como éramos antes.

Retroalimentación

Las formas de relacionarse entre dos personas se tenderán a repetir si se ven recompensadas y aceptadas por la otra persona, y tenderán a desaparecer si son censuradas o mal acogidas.

Personalidad propia

Una relación tiene su propia personalidad, y esta es más que la suma de las personalidades de las personas que la componen, como decíamos en el ejemplo de una relación como un coche al que se subía un autostopista.

El curso de una relación no depende enteramente de usted, ni tampoco de la otra persona. Es por eso que incluso en relaciones en las que ambas personas están muy interesadas pueden acabar apareciendo conflictos, y por eso, en ocasiones, cualquiera de nosotros se puede ver en situaciones en las que se diga *«¿pero cómo hemos llegado hasta aquí?»*

3. Extinción

Si bien ha sido relativamente sencillo explicar las etapas de definición y desarrollo de una relación, es un poco más complicado hacerlo para la última etapa, la extinción. El motivo es que cuando se llega a esta etapa, las relaciones pueden ser de distinta intensidad y duración, por lo que la interacción entre las personas se puede haber vuelto muy compleja.

Sin embargo, hemos dicho al principio del libro que la dificultad de un tema nunca debía impedirnos dar un paso en la dirección de querer comprenderlo, aun cuando después se necesitaran más pasos, así que, siendo fieles a esta declaración de principios, vamos a explorar algunos de los motivos por los que se puede terminar una relación.

Básicamente, podemos decir que una relación se extinguirá en el momento en que deje de satisfacer la necesidad que la creó. En el caso de relaciones personales, sabemos que la necesidad de relacionarnos es la tercera en orden de importancia entre las cinco necesidades del ser humano. Pero como el terreno de la extinción de una relación es un terreno bastante inexplorado, para explicarlo, en lugar de quedarnos en esa razón principal, veremos cómo las personas traducen esa razón según su forma de ser. Para eso utilizaremos los tres *cómo* que usamos cuando hablamos de las claves para entender a una persona: cómo somos, cómo sentimos y cómo pensamos.

Extinción de una relación por cómo somos

Una relación puede extinguirse porque las personalidades de quienes la forman sean incompatibles. Una forma de ser muy extravertida frente a una forma de ser extremadamente introvertida puede acabar imposibilitando una relación, por ejemplo.

Las diferencias en las personalidades de cada uno de los miembros de una relación, si son diferencias que se no se complementan, pueden acabar creando tensiones que dificulten extremadamente la relación y que provoquen que tome una deriva que la lleve a su extinción. O que hagan que alguna de las personas decida ponerle punto final para evitar conflictos que, sencillamente, no le compensan porque no satisfacen su necesidad de relacionarse.

Extinción de una relación por cómo sentimos

Las emociones y los sentimientos tienen una gran influencia en la forma de ser y de reaccionar de las personas. De la misma manera que son los causantes de que muchas relaciones se creen y mantengan, también son los responsables de que tomen rumbos negativos o se acaben.

Igual que la mayoría de nosotros valoramos como positivos los sentimientos de otra persona cuando la llevan a querer iniciar una relación con nosotros, hay que aceptar también que a veces, simplemente, las personas dejan tener sentimientos lo suficientemente profundos como para que sigan justificando mantener una relación, y por eso, aun cuando a nivel de forma de ser o forma de pensar nada haya cambiado en la relación, esta sencillamente se agota. Es lo que podríamos llamar *agotamiento emocional*. Los sentimientos, como tantas cosas en la vida, también nacen, crecen y mueren.

A estas situaciones no se llega de un día para otro, ni se dan sin motivo. Mediante los factores que hemos visto en la etapa de desarrollo (interacción, probabilidad, autorregulación y retroalimentación), el curso de una relación puede alimentar positiva o negativamente los sentimientos de las personas, haciendo que crezcan y se fortalezcan, o haciendo que se debiliten y desaparezcan. Por eso, conocer la dinámica de las relaciones personales y los factores que influyen en ellas nos ayudará a cuidar el aspecto emocional y sentimental de una relación.

Extinción de una relación por cómo pensamos

Como hemos visto, las personas interpretamos el mundo por medio de unos supuestos, basados a menudo en unas creencias que en la mayoría de los casos son irracionales, en el sentido de que objetivamente se pueden demostrar como equivocadas. Pero no por eso dejamos de tenerlas y de filtrar la realidad según ellas.

Esto lleva, irremediablemente, a que personas que tienen diferentes formas de percibir la realidad, interpreten a veces de forma muy distinta las situaciones, lo que lleva a que se produzcan tensiones y conflictos que hacen que la relación entre en una dinámica negativa, que causa sufrimiento a las personas que la componen y que puede provocar que acabe extinguiéndose.

Extinción de una relación por causas externas

Además de las mencionadas, puede haber, por supuesto, otras causas, externas a una relación y a las personas, que provoquen que esta se extinga: motivos de trabajo, de distancia, de influencia de otras personas, etc.

La distancia, por ejemplo, hace que se interactúe menos con la otra persona y que la dinámica de la relación, aunque no se convierta en negativa, pierda fuerza y no satisfaga la necesidad afectiva de las personas. Interactuar es comunicarse, y no comunicarse suele suponer, en la gran mayoría de los casos, el fin de cualquier relación.

El tiempo para definir una relación

No hay un tiempo, un plazo, en el que se defina una relación. No podemos decir que es en los primeros minutos, horas o días. Una relación se está definiendo siempre. Lo que ocurre es que en las primeras interacciones hay mucho más por definir, y a medida que van quedando establecidas las formas de relacionarse, quedan menos aspectos por definir, pero se siguen puliendo los matices.

Siguiendo con el ejemplo de los coches de prueba que lanzábamos uno contra el otro para que chocaran, es fácil darse cuenta de que en los primeros momentos del choque es cuando se va definiendo cómo afecta el impacto a cada uno de los vehículos. Una vez pasados los primeros momentos, si seguimos empujando, comprobaremos, en primer lugar, que nos cuesta más esfuerzo, porque las partes de los coches no van a ceder mucho más (no se van a llegar a fusionar), y en segundo lugar, veremos que las trayectorias de las distintas partes de los coches que chocaron unas con otras ya estarán marcadas por el resultado del primer choque, con lo que solo se irán produciendo pequeños cambios en trayectorias ya iniciadas.

Redefinir una relación

Una vez que ha comenzado a definirse una relación, a cada momento que pase será más difícil detener el curso de esa definición. Tendremos tendencia a actuar según la dirección que nos va marcando la relación. Empezaremos a ser prisioneros de la definición que entre las dos personas hemos hecho. Pero una relación definida se puede *redefinir*.

Redefinir una relación significa ser capaz de superar los límites que nos marca la definición espontánea de la relación y modificar voluntariamente y con acciones concretas su rumbo. No es algo sencillo, y requiere cierta sensibilidad interpersonal. Existen dos formas de hacerlo.

La manera más sencilla, y que necesita de menos sensibilidad y estrategia, para redefinir una relación es decir lo que queramos decir, o comportarnos de la forma en que queramos comportarnos. Esto implica que tengamos que hacer un esfuerzo consciente para superar la extrañeza e incomodidad, en nosotros y en la otra persona, que experimentaremos al utilizar formas de relacionarnos que no han sido «acordadas». Se necesita seguridad en uno mismo y valentía. No hay que subestimar la fuerza de una relación definida.

Hay una segunda forma de redefinir una relación. Es una manera más complicada, pero más sutil, de conseguir que la relación cambie de rumbo. En lugar de un «ataque frontal» a la relación, se trata de ir haciendo pequeños cambios que no causen extrañeza en nosotros ni en la otra persona, y que por consiguiente no generarán que la relación tienda a volver a la forma en como se había definido.

Veamos un ejemplo práctico. Es un ejemplo muy sencillo, pero que nos ayudará a entender cómo se define una relación y cómo podemos redefinirla.

Pensemos en que tenemos una relación con un amigo. Y que siempre que salimos a tomar algo, acabamos pagando nosotros. La relación se ha definido así hace tiempo. Desde las primeras veces que nos vimos en situaciones de ese tipo con nuestro amigo, este, cuando llegaba el momento de pagar, se hacía el remolón y se empezaba a interesar por las cosas más insignificantes (las noticias del periódico, sus uñas, las vetas de la mesa de madera) con tal de dejar que pasara el tiempo. Nosotros, por no responder con la misma moneda, y no provocar situaciones tensas o que resulten ridículas (los dos haciendo tiempo, fingiéndose distraídos), hemos preferido tomar la iniciativa y pagar siempre.

Ha sido así desde hace años, así que a nuestro amigo ya no le cuesta hacerse el remolón, porque le da buenos resultados, y nosotros seguimos pagando a cambio de que no haya una discusión que pueda acabar con nuestra amistad. Esa ha sido la definición que ambos hemos hecho de la relación para ese tipo de situaciones.

Sin embargo, con el paso del tiempo, lo que antes nos parecía un comportamiento casi gracioso, nos ha ido aportando negatividad, y empezamos a sentirnos bastante cerca de la irritación cada vez que vemos como nuestro amigo se pone a leer el periódico y deja de darnos conversación, esperando a que nos levantemos y vayamos a pagar los dos cafés. Nos empieza a enfadar mucho que cuando volvemos de pagar, en seguida deje a un lado el periódico y diga: *«¿nos vamos?»* Cansados de esta situación, en nuestro interior se ha ido creando el deseo de que haya un cambio, así que decidimos redefinir la relación con nuestro amigo.

Si recurrimos a la primera forma de redefinir la relación, lo que haríamos sería decirlo. Simplemente diríamos: *«creo que deberías pagar tú por una vez, que siempre me toca a mí»*. Esto nos podría salir bien, y puede que nuestro amigo decidiera pagar, disculpándose y sin hacer ninguna objeción.

Sin embargo, existe la posibilidad de que no fuera tan fácil, y que la forma en que se ha definido la relación nos impidiera hacerlo. Es probable que nosotros o nuestro amigo nos sintiéramos incómodos y violentos teniendo que pasar por ese momento de tensión, por lo que podríamos ponernos nerviosos y no decirlo exactamente como quisiéramos. Es probable también que nuestro amigo nos pudiera poner alguna objeción (*«me dejé la cartera en el coche»*, *«ando mal de dinero»*) que desactivara nuestras intenciones y anulara nuestra estrategia. Incluso podría llegar a haber una discusión si nuestro amigo nos reprocha favores que nos ha hecho en el pasado y que no se molestó en cobrarnos (*«si yo te cobrara cada vez que te llevo en coche»*, *«recuerdo que hace unos años te dejé dinero y no me lo devolviste»*). También puede que decirlo no tuviera efectos negativos en el momento, pero que generara en nuestro amigo un malestar que acabara saliendo a la luz al cabo de unos días, y que terminara por afectar negativamente a la relación.

Veamos qué ocurriría si usamos la segunda forma de redefinir la relación. Se trata de ser más sutiles, como hemos dicho, y no buscar un enfrentamiento. *«¿Podrías pagar tú por esta vez, que hoy no tengo dinero?»*, *«¿te importa pagar a ti y después yo invito en el siguiente sitio?»* Son estrategias de redefinición que requieren más paciencia y sutileza, y que aun en el caso de no funcionar, habrían introducido, en forma de avisos, pequeños cambios en la relación, porque nuestro amigo ya se estaría dando por enterado de que somos conscientes de su actitud para no pagar. Esto aumentaría la probabilidad de que empezara a darse cuenta de que puede estar poniendo nuestra amistad en riesgo, y tal vez decidiera pagar la próxima vez. A nosotros también nos resultaría más fácil decirlo así, porque no estaríamos siendo tan agresivos como en el intento anterior. Además, este tipo de estrategia es menos probable que genere malestar a posteriori en cualquiera de los dos.

Claro que esta segunda forma de redefinir la relación también podría no salir como queremos. Puede que incluso así, nuestro buen amigo siguiera sin cambiar su actitud. Se podría ser más sutil y buscar otra forma de influir en la relación y en la otra persona, pero no es el propósito de este libro llegar a esos niveles de profundidad. Sirva este sencillo ejemplo como muestra de que se puede tener cierto grado de influencia y control sobre el rumbo que siguen las relaciones, y de que no siempre es necesario dejarse llevar y aceptar con resignación situaciones negativas en una relación.

13. CLASES DE RELACIONES

«Yo sé que existo
porque tú me imaginas».
Ángel González

Las relaciones personales, independientemente del tipo que sean (sentimentales, de amistad, familiares, etc.), pueden ser, fundamentalmente, de dos clases: simétricas o asimétricas.

Las relaciones simétricas

Las relaciones simétricas son aquellas en que ambas personas renuncian por igual a su lógica interna en favor de la relación. Podríamos decir que son relaciones 50/50, en las que cada persona aporta un 50% de la sinergia total que necesita la relación para formarse y mantenerse.

En un primer momento puede parecer que las relaciones simétricas, al ser las más igualitarias, siempre son positivas y son las más deseables. Esto es cierto en muchos casos, pero sin embargo en otros no lo es tanto. Al aportar cada persona un 50%, es probable que si una deja de aportar su parte, la relación se descompense y se desequilibre, por lo que pueden surgir problemas.

Otro problema que pueden tener las relaciones simétricas son las *escaladas*: si una relación es profundamente igual, porque ambas personas renuncian en la misma medida a su lógica interna, y son conscientes de ello, en situaciones de conflicto y tensión, cuando una de ellas quiera imponer su punto de vista, la otra persona, en lugar de ceder para salvar la relación, se mantendrá en su posición o incluso tal vez quiera adoptar la misma actitud que la otra, lo que puede hacer que se produzca un fenómeno del tipo *«pues si tú haces eso o eres así, yo más»* y así se entre en una escalada progresiva, en la que cada una intente ser o hacer más que la otra y que puede acabar provocando que la relación resulte muy tensa y termine por romperse.

Las relaciones asimétricas

Las relaciones asimétricas son aquellas en las que cada persona no renuncia por igual a su lógica interna en favor de la relación. Una cede y aporta más para permitir que la relación exista, mientras que la otra renuncia menos a su individualidad. El esfuerzo que tiene que hacer la persona que más cede es mayor que el que tendría que hacer en una relación 50/50. Aquí el porcentaje de aportación de cada persona a la relación variará: puede ser un 60/40, un 70/30, etc.

Estas relaciones no tienen por qué ser necesariamente negativas. En ocasiones esta clase de relaciones se mantienen porque las actitudes que muestran las personas son complementarias. Imaginemos, por ejemplo, una relación laboral con un superior jerárquico en el trabajo. Esta relación siempre va a ser asimétrica, en el contexto del trabajo, y para que la relación se mantenga, el que ocupe la posición jerárquica inferior tendrá que ceder más, ya que en cuestiones de trabajo, quien toma las decisiones es siempre el que ocupa la posición superior.

En general, en las relaciones asimétricas no debemos pensar en términos de superior o inferior, arriba o abajo. En una relación sentimental, una persona puede aportar solo el 30% de la relación y la otra el 70%. Eso podría hacernos pensar que quien menos cede en su individualidad es menos dependiente de la relación y quien menos la necesita, pero sin embargo, si se rompe la relación, la persona que aporta solo el 30% puede ser la que más sufra, porque a pesar de que era quien menos aportaba, puede que fuera quien más salía ganando, tal vez por ser emocionalmente más dependiente o por su tipo de personalidad.

Además, tampoco es correcto solo pensar en términos de cantidad. Es también importante la calidad. Una persona puede aportar solo el 30% a una relación, pero ese porcentaje puede ser de gran importancia, por darse en cuestiones básicas (comunicación, por ejemplo), por lo que ese 30% puede ser uno de los pilares que sostenga la relación.

Ambas clases de relaciones tienen sus aspectos positivos y negativos, y que una relación sea asimétrica o simétrica no será lo que determine si funciona. No siempre será el porcentaje de aportación lo que haga más válida una clase de relación que otra, sino que lo importante para que una relación funcione, sea de la clase que sea, es que ambas personas la valoren como positiva y útil para satisfacer sus necesidades.

La simetría o asimetría de una relación solo define como encajan las personas en una relación, no su grado de satisfacción. Lo importante no es que una relación sea simétrica o asimétrica, sino que haya *complementariedad*.

La complementariedad

Lo que determinará que una relación funcione es la complementariedad. No importa la clase de relación que sea, lo importante es que ambas personas se complementen: es decir, que si una aporta el 50% a la relación, la otra aporte el otro 50% necesario para llegar al 100% que hace falta para que la relación se cree y desarrolle. Y si una persona aporta solo el 30%, lo importante para lograr que esa relación funcione es que la otra persona pueda, y quiera, aportar el 70% necesario para que la relación exista.

Lo que hemos visto en cuanto a los tipos de relación son clases puras, es decir, explicadas en su significado más extremo. En la realidad las relaciones no tienen por qué ser tan claras, y lo más normal es que, durante su desarrollo, vayan moviéndose entre la simetría y la asimetría, pasando por épocas en las que predomine una clase u otra a medida que ambas personas van complementándose. Como norma general, la relación funcionará siempre que haya complementariedad, y esa complementariedad sea percibida por cada persona como positiva.

La complementariedad adecuada para una relación debe ser, además, una complementariedad flexible, de forma que ambas personas sepan ir soportando un mayor porcentaje del peso de la relación según los momentos en que les vaya tocando. Que siempre sea la misma persona quien haga el mayor aporte y cesión a la relación puede acabar desgastándola, y si la otra persona no sabe tomar el relevo cuando es necesario, la relación, aun cuando haya sido larga, se puede acabar extinguiendo por agotamiento emocional.

Lo contrario a la complementariedad será la *rigidez*. La rigidez supone estar siempre en la misma actitud hacia la otra persona y la relación, no cambiar la lógica interna y no ser flexible a la dinámica de la relación. Una extrema rigidez puede no solo ocasionar que las relaciones que tengamos no sean buenas, sino que nos puede llegar a imposibilitar establecer relaciones de cualquier tipo por nuestra incapacidad de adaptación a los demás.

14. LA COMUNICACIÓN EN LAS RELACIONES PERSONALES

> «Puedo perdonar, pero no olvidar, es solo otra forma
> de decir no puedo perdonar».
> Henry Ward Beecher

Una vez que tenemos unas nociones sobre la personalidad humana, las relaciones personales y su dinámica, es el momento de hablar del vehículo por el que se establecen las relaciones: la comunicación.

La comunicación es la base de las relaciones humanas. Las relaciones se forman, se mantienen y se desarrollan gracias a la comunicación. Sin comunicación no es posible que existan las relaciones. De cómo sea la comunicación dependerá en gran medida cómo se origine, se defina y se desarrolle una relación. Por ejemplo, en el caso de una relación afectiva los sentimientos pueden ser muy intensos, pero si no hay buena comunicación, las personas no se llegarán a conocer, por lo que no tendrán oportunidad de transmitirse los sentimientos, con lo que es muy probable que la relación fracase en poco tiempo o incluso que no llegue a surgir.

Una relación es, principalmente, un intercambio constante de información a nivel intelectual y emocional. La comunicación da a las personas información sobre otras personas, lo que les permite ampliar el punto de vista que los tres filtros que forman su lógica interna (personalidad, emociones y pensamientos) les imponen a la hora de percibir la realidad. Comunicándonos salvamos la distancia que hay entre nosotros y los demás. Por lo tanto, para entender las relaciones es muy importante saber cómo funciona la comunicación humana.

Comunicarse es transmitir información, por lo que comunicarse no consiste solo en hablar. Con el simple hecho de estar próximos físicamente a una persona ya estamos comunicando. Nuestra presencia transmite información de que estamos ahí, y eso por sí solo ya sirve de ayuda para satisfacer, en parte, la necesidad de relacionarse que tenemos las personas.

Niveles de comunicación humana

En la comunicación humana existen varios niveles. Es muy posible que haya oído hablar de la comunicación no verbal: cómo posturas y gestos dicen cosas de nosotros. Por eso, es probable que piense que en este apartado vamos a tratar de la comunicación verbal y la no verbal. Sin embargo, personalmente creo que la comunicación no verbal, tal y como se la explica habitualmente, es una exageración y una fuente constante de malas interpretaciones en la comunicación con los demás. Las personas y su comunicación son demasiado complejas como para que se pueda afirmar, por ejemplo, que cruzar los brazos o las piernas refleja una actitud defensiva. A veces una persona cruza los brazos o las piernas porque está más cómoda así. Nada más.

La comunicación humana tiene, fundamentalmente, dos niveles: *cómo* se comunica y *qué* se comunica. El cómo y el qué. El cómo es el *contenido* de lo que comunicamos, y el qué es el *significado* de lo que comunicamos.

Entre contenido y significado puede haber mucha distancia, por lo que hay que ser muy sensible a cómo se haya definido la relación y al contexto para realmente darse cuenta de lo que las personas quieren decirnos. No significa lo mismo que tres personas con las que tenemos tres tipos de relación distintos, nos digan lo mismo. Si nuestro jefe, un amigo y una pareja nos dicen *«llegas tarde»* el contenido puede ser exactamente igual para los tres casos: las mismas palabras, el mismo tono de voz, los mismos gestos y la misma postura, pero es el tipo de relación que tenemos con cada una de ellas, la manera en la que la hayamos definido y el contexto en el que se da esa comunicación, lo que nos puede hacer captar el verdadero significado de la frase para cada uno de los tres tipos de relación, que posiblemente tenga diferente gravedad y consecuencias para cada una de las situaciones.

Así, si la relación entre nosotros y nuestro jefe se ha definido como autoritaria, es posible que esas palabras signifiquen una llamada de atención. Si con nuestro amigo la relación se ha definido como de «no darse demasiadas explicaciones sobre lo que hace cada uno», es posible que sea un comentario al que no le daremos más importancia. Y si con nuestra pareja la relación se ha definido basándose en la falta de confianza en cuestión de puntualidad (porque siempre llegamos tarde a nuestras citas), es posible que el verdadero significado de esas palabras sea la antesala de una discusión.

El cómo de la comunicación, el contenido, puede ser totalmente opuesto al significado de lo que realmente quiere decirnos una persona. Ante el final de una relación sentimental una persona puede decirnos y hacernos ver con su lenguaje verbal y no verbal que no le importa en absoluto, pero es muy posible que sea solo una máscara para ocultar sus verdaderos sentimientos. Es el contexto (fin de la relación) quien debe darnos una idea del verdadero significado de lo que nos comunica, y el conocimiento de las personas nos permitirá suponer que cualquier persona, ante el fin de una relación sentimental, se siente emocionalmente dañada, al menos durante un tiempo. Nadie está libre reaccionar emocional y sentimentalmente ante las situaciones que se dan en las relaciones personales.

El significado de la comunicación en una relación va a depender, en gran parte, de la forma en que se haya definido la relación. Por eso debemos tratar de ser sensibles al verdadero significado de lo que nos dicen los demás en función del tipo de relación que tengamos. Las personas, como norma general, se toman muy en serio a sí mismas, por lo que cualquier cosa que nos digan, aun en tono humorístico, suele estar cargada de un profundo significado. Y el verdadero propósito de la gran mayoría de lo que las personas nos dice en una relación es para definirla, para que sepamos cómo debemos tratarlas. El significado de la comunicación en una relación nos lo dará siempre, más que el lenguaje no verbal, cómo se haya definido de la relación.

15. LAS BARRERAS INVISIBLES

«¿Qué es la felicidad? El sentimiento de que el poder crece, de que se vence una resistencia».
Friedrich Nietzsche

No es fácil darse cuenta de ellas, pero están ahí constantemente, tanto en nuestra forma de pensar como en las relaciones con los demás.

Son las que nos hacen mantenernos dentro de los márgenes en los que se ha definido una relación. Nos marcan y limitan el camino por el que se va a ir desarrollando la relación, y muchas veces nos llevan, sin que nosotros nos demos cuenta y sin que podamos reaccionar, hacia situaciones negativas o hacia la misma extinción de la relación.

Las *barreras invisibles* son los límites dentro de los cuales se ha definido una relación. Si intentamos traspasarlas, será cuando la relación intentará autorregularse y nos empujará a que volvamos a las formas de interactuar que estaban dentro de esos límites.

Siguiendo con uno de los ejemplos que hemos puesto anteriormente, si vamos por la calle y nos encontramos con una persona que ocupa un puesto jerárquico superior al nuestro en la empresa en la que trabajamos y con la que solo tenemos una relación laboral, los límites de la relación serán los que nos marcan que solo hablemos de los temas en los que hemos definido nuestra relación, es decir, temas de trabajo. Si intentamos traspasarlos, nosotros o la otra persona, hablando de temas personales, nos sentiremos incómodos y extraños. Esto se deberá a que estamos intentando traspasar las barreras invisibles que delimitan nuestra relación. Para evitar esa incomodidad, que sentimos en nosotros y percibimos en la otra persona, probablemente optaremos por volver al terreno en donde los dos nos sentimos más confortables y acabemos irremediablemente hablando de temas de trabajo.

Si quiere comprobar los límites de su relación con otras personas, no tiene más que pensar en cómo se sentiría en algunas de estas situaciones:

— Hacerle un regalo a alguien con el que no tenga una relación muy profunda, por ejemplo, un compañero de trabajo, al que nunca haya regalado nada y del que nunca haya recibido ningún regalo.
— Expresar sus sentimientos sobre una situación que le preocupa con una persona con la que solo hable de temas superficiales.
— Hablar de política o sexo con una persona con la que tenga una relación en la que nunca haya tocado estos temas.
— Si es usted una persona a la que no le gusta bailar, bailar con un amigo o una amiga.
— Vestirse con ropa de un estilo totalmente distinto al que utiliza habitualmente.

Solamente con imaginarse algunas de estas situaciones es probable que ya sienta un poco de *ansiedad*. La ansiedad es la forma que tiene de manifestarse la incomodidad que se produce al tratar de superar las barreras invisibles de una relación.

Traspasar las barreras invisibles

Pero las barreras invisibles no son, ni mucho menos, infranqueables. Se pueden vencer. Traspasarlas exige dos requisitos:

Primero, debemos saber que están ahí. Muchas personas las notan, pero a un nivel emocional, instintivo, por lo que no son verdaderamente conscientes de ellas. Por este motivo, ante la incomodidad que sienten al moverse cerca de ellas, instintivamente retroceden y vuelven a los terrenos comunes de la relación.

Para superar las barreras invisibles es necesario desarrollar en nosotros cierta sensibilidad personal que nos permita reconocerlas. Para eso, nada mejor que obligarnos a pensar en situaciones nuevas en nuestras relaciones, en las que nos comportemos de forma distinta a como lo solemos hacer. Así las reconoceremos y reconoceremos también la ansiedad que nos provoca pensar en traspasarlas.

Lo segundo que se necesita para traspasar una barrera invisible es un esfuerzo consciente y continuado. Solo tenemos que comportarnos tal y como habíamos imaginado, ignorando la incomodidad y la extrañeza, y perseverar en seguir comportándonos como queremos, aun a pesar de que las primeras veces no nos salga como imaginamos ni nos sintamos cómodos. Así, estaremos ensanchando los límites de nuestras relaciones. Al principio cualquier relación tenderá a autorregularse y hacernos volver a los terrenos comunes, pero si mantenemos nuestro esfuerzo en el tiempo, nosotros y la otra persona dejaremos de sentirnos extraños e incómodos y nos acostumbraremos a la situación. Si nuestra nueva conducta es percibida como positiva, los límites de la relación terminarán por hacerse más amplios, haciendo que esa nueva forma de ser pase a formar parte de nuestra relación.

Las barreras invisibles en las personas

Las barreras también están en nosotros mismos, en nuestra forma de pensar y percibir la realidad. Son las que nos impiden vestir de una forma diferente, comportarnos de una forma distinta o intentar cosas nuevas por miedo a fallar. Constantemente las barreras invisibles nos limitan.

En algunos casos son útiles, porque nos ayudan a marcarnos pautas y normas de comportamiento. Serán más útiles siempre y cuando hayan sido fijadas conscientemente. Pero las que no son útiles son las que nos hacen ser tal y como siempre hemos sido, las que nos impiden buscar nuevos registros en nuestra forma de ser y explorar nuevas formas de pensar y de concebir el mundo.

Las barreras invisibles son las resistencias mentales que sentimos cuando queremos hacer algo nuevo, y que se transforman en pensamientos del tipo *«no puedes»*, *«harás el ridículo»* o *«vas a fallar»*.

Nada mejor para sentir que uno puede hacer lo que se proponga que haber sido capaz de superar la ansiedad y el miedo que nos produce intentar traspasar cualquiera de estas barreras autoimpuestas inconscientemente.

16. LA TRANSFERENCIA

> «No hay nada que produzca más sensación de soledad y desamparo que no tener a nadie con quien hablar de las cosas que nos interesan».
>
> Isaac Asimov

En marzo de 2013, el prestigioso programa de la cadena CBS, *60 minutes*, emitió una entrevista con Jack Dorsey, creador de Twitter.

En la entrevista destacaba su innegable talento, capacidad de trabajo y de transformar las ideas en realidades. Sin embargo, en un momento determinado la entrevistadora, Lara Logan, le preguntó:

— *«¿Encuentras más fácil comunicarte con las personas por Twitter o cara a cara?»*

Jack Dorsey respondió:

— *«Creo que mi estado natural sería por mediación de cartas o texto, pero lo aprecio tanto como la comunicación cara a cara. No creo que sea un experto en tener conversaciones cara a cara, no. No es mi estado natural».*

Priorizar la comunicación a distancia antes que la personal o, en igualdad de circunstancias, elegirla antes que la comunicación cara a cara es sin duda una elección personal que debe ser respetada.

Sin embargo, creo que las enormes posibilidades que dan las nuevas tecnologías son más de aplicación social que afectiva. A nivel social, a nivel de pequeños grupos o incluso a nivel individual, pero en un nivel muy superficial, son muy útiles para primeros contactos, divulgar información o mantener un canal de comunicación abierto con algunas personas, pero no debemos pensar que pueden ayudar a cubrir completamente la necesidad de relacionarse de los seres humanos. La tecnología no ha llegado hasta ahí. Sí así fuera, sería un ingeniero informático y no un psicólogo quien estuviera escribiendo este libro.

En la comunicación personal hay un fenómeno que no se da en la comunicación a distancia, y que posiblemente sea la principal aportación de las relaciones personales a la sociedad: *la transferencia*.

Cuando dos personas interactúan se produce un proceso de transferencia, de intercambio, entre ambas. Por un lado, pueden expresar sus personalidades, lo que las libera de la presión de tener emociones, preocupaciones, opiniones y pensamientos reprimidos, y por otra parte, cada una aprende de la otra al observar la expresión de una personalidad distinta a la suya. Se produce una transferencia: se enseña y se aprende a la vez.

Una de las formas más poderosas que tiene el ser humano de aprender es mediante la observación. Por eso, observar, ver la expresión de otra personalidad, hace que aprendamos de ella. Una interacción en una relación personal es un intercambio: vemos gestos, actitudes, formas de moverse, nuevas formas de pensamiento, distintos enfoques sobre muchas cuestiones, etc. que, sin darnos cuenta, se transfieren, en parte, a nosotros. En el proceso de relacionarnos aprendemos nuevas formas de ser mediante la observación de otra personalidad, y a la otra persona le pasa lo mismo. Nos enriquecemos interactuando unos con otros, y viendo cómo interactúan los demás con nosotros.

¿No le ha ocurrido que tras una interacción con alguien, aunque no fuera muy continuada, se ha visto adoptando puntos de vista, actitudes o comportamientos de esa persona, aun cuando en el momento no los comprendiera o incluso no los compartiera? ¿No ha comprobado como parejas o amigos adoptan formas de ser de la otra persona? ¿No le ha pasado que estando con alguien vio un gesto, una forma de expresarse, o escuchó una opinión que le llamó la atención y que hizo que le cogiera afecto a esa persona o que le profesara cierta admiración?

Muchas personas, debido a que su personalidad tiende a la introversión o debido a malas experiencias emocionales y personales empiezan a preferir la comunicación a distancia aun para decir cosas importantes. Por otro lado, el ser humano tiende a evitar cualquier dolor o sufrimiento, por pequeño que sea, como el que supone la ansiedad que aparece al intentar traspasar las barreras de las relaciones personales. Superar las barreras invisibles de las relaciones y las pequeñas resistencias que las personas ponen en el trato en la distancia corta exige muchas veces paciencia, aguante y cierta sensibilidad interpersonal.

Ante el desconcierto que nos producen esas barreras invisibles, cada vez parecen ser más las personas que han encontrado en las comunicaciones a distancia la forma de evitar la extrañeza o la incomodidad que supone entablar una nueva relación con alguien. También les sirven como medio para decir cosas que se hace difícil, debido a las barreras invisibles, decir a otra persona en su presencia, como comunicar el fin de una relación, expresar un sentimiento de alegría o incluso de pésame.

Nuestra sociedad avanza constantemente, aunque nosotros no seamos capaces de verlo siempre. Hacia dónde, es una incógnita. Si bien cada vez estamos más sensibilizados por problemas ambientales o sociales, no lo estamos tanto por el tipo de futuro al que nos lleva nuestra forma de relacionarnos. Hace falta también que de vez en cuando pensemos en cuál es el destino hacia el que nos dirige esta nueva forma de relacionarse.

Los efectos enriquecedores de las transferencias que se producen en las interacciones humanas son, ahora mismo, imposibles de medir con exactitud y por eso no se pueden valorar en toda su amplitud. A día de hoy, son insustituibles por ninguna otra forma de comunicación de las actualmente conocidas. Estar con alguien, tocar, ser tocado, escuchar una voz, oler un aroma, escuchar la risa de una persona, ver cómo sonríe o cómo hace un determinado gesto pueden ser recuerdos imborrables que nos acompañen durante toda nuestra vida y pueden ser también elementos que pasen a formar parte de nuestra propia forma de ser y expresarnos.

De una forma mucho más acertada lo explicó el escritor francés Marcel Proust, cuando dijo: «*hay olores que se huelen toda la vida por haberlos percibido por primera vez en una tarde de tormenta*».

17. COSAS QUE NADIE LE HA DICHO SOBRE LAS RELACIONES PERSONALES

«Cuando algo secreto se nombra, ya no se puede
hacer como si no existiera».
Manuel Fernández Blanco

A continuación vamos a enumerar y desarrollar una serie de «cosas», de aspectos, que no siempre se dicen sobre las relaciones personales. Puede que esté más de acuerdo con unas que con otras, y puede que algunas sean de más aplicación que otras a las relaciones que usted tiene. Algunas le servirán para entender mejor sus relaciones pasadas, otras para las relaciones presentes, y otras más le serán de utilidad para las relaciones que están por venir. Pero todo lo que vamos a ver es fruto del estudio y de la observación de las relaciones entre personas, por lo que todo corresponde a situaciones reales que se dan entre personas reales.

1.- No todo el mundo querrá relacionarse con nosotros

«Un amigo en la vida es mucho. Dos son demasiado.
Tres son imposibles».
Henry Brooks Adams

Es posible que ya sepa usted esto. Pero es también muy posible que realmente no lo haya aceptado.

Todos sabemos, intelectualmente, cosas que sin embargo emocionalmente no aceptamos. Por ejemplo, sabemos que el universo es infinito y que nuestra vida tendrá un final, pero de saberlo a realmente aceptarlo hay una gran distancia. De la misma manera, también todos sabemos que no se le puede caer bien a todo el mundo, pero que lo sepamos y que lo aceptemos cuando nos vemos en la situación son dos cosas muy distintas.

Es posible que estemos de acuerdo en que no todo el mundo querrá relacionarse con nosotros, mientras ese «todo el mundo» sean personas sin rostro, que no conocemos, o personas con las que nosotros tampoco queremos relacionarnos. La diferencia está cuando quien no quiere una relación con nosotros es alguien con quien nosotros sí queremos una relación. Aceptar esto, reprimir nuestros sentimientos sin transformarlos en resentimiento y sin culpabilizar a la otra persona, exige unos niveles de autocontrol, sensibilidad interpersonal y capacidad de reflexión que no están al alcance de cualquiera.

Al título de este apartado se le puede dar la vuelta y decir que tampoco nosotros querremos relacionarnos con todo el mundo. Por eso, debemos también aprender a aceptar que es posible que las personas cuya amistad rechacemos se enfaden si no tienen esa sensibilidad interpersonal de la que hablábamos. No en vano un dicho popular dice que *«el amor y el odio están muy cerca»*.

Debemos aceptar que nos encontraremos con personas que no querrán relacionarse con nosotros, o profundizar en una relación con nosotros, aun cuando no hayamos hecho nada malo y nuestra predisposición para relacionarnos con ellas sea la mejor. Debemos entender esto como algo frecuente, y recíproco, en las relaciones de verdad, para lograr aceptarlo sin que nos parezca mal, nos sintamos rechazados o nos cause sentimientos negativos que solo nos perjudicarán.

2.- Las personas no siempre agradecen las buenas intenciones: la actitud desconfiada

> «¿Qué soledad es más solitaria que la desconfianza?»
> George Eliot

Imagine que va usted andando por la calle y un desconocido le para y le dice que quiere darle un maletín lleno de dinero. ¿Cuál sería su primera reacción?

Muchas personas suelen reaccionar con rechazo ante las buenas intenciones de desconocidos. Es por eso que a la hora de intentar establecer una nueva relación, es posible que nuestros comportamientos positivos y bienintencionados no sean suficientemente valorados por los demás.

Esto puede provocar en nosotros la sensación de que las personas son desagradecidas o injustas, sensación que con el tiempo nos lleve a actuar de la forma contraria y a *«no dar nada porque nadie sabe agradecerlo»*. No hace falta llegar a esos extremos. Se trata solo de ser consciente de que las personas, al principio de una relación, como medida defensiva tienden a desconfiar. Y se trata también de que nosotros hagamos y digamos lo que queremos, y darle tiempo a la otra persona a que baje esas barreras y valore nuestros gestos en su justa medida. No debemos permitir que nuestras creencias irracionales sobre cómo pensamos que debería comportarse la gente nos impidan ver cómo realmente se comporta.

3.- A la mayoría de las personas no les importan nuestros sentimientos

> «No hay nada que desespere tanto como ver malinterpretados nuestros sentimientos».
> Jacinto Benavente

No se trata de que los demás quieran herirnos, sean insensibles o «malos», sino que la mayor parte de la gente está tan ocupada en entenderse o en comportarse de acuerdo a sus motivaciones y deseos, que es incapaz de ser sensible a los sentimientos de otros.

Las personas somos muy sensibles a las emociones de los demás pero no tanto a los sentimientos. Por ejemplo, si vemos a alguien asustado o con miedo por causa de un accidente, la inmensa mayoría de las personas tratarán de ayudarle. Pero otra cosa diferente es que esas mismas personas se impliquen emocionalmente con alguien que sufre una depresión y tengan la paciencia y el aguante personal necesario para dedicar parte de su tiempo a ayudarle.

Además, tenga en cuenta que aunque usted sepa exactamente cómo se siente y cuáles son sus necesidades y sentimientos, los demás no pueden adivinarlo, y lo normal es que usted no esté dispuesto a expresar sus sentimientos delante de cualquiera.

Con esto no quiero decir que no vaya a encontrar personas a las que no les importen sus sentimientos. Solo que, numéricamente, se encontrará con muchas más que no serán sensibles a ellos.

4.- Cometerá errores de juicio en las relaciones personales

> «Los niños adivinan qué personas los aman. Es un don natural que con el tiempo se pierde».
> Charles Paul de Kock

Y los cometerán con usted. En las relaciones personales, todos cometemos errores de juicio. Nos equivocamos al valorar la relación y creer que entendemos a la otra persona y cómo se está desarrollando la relación.

Estos errores se deben, principalmente, a varios motivos:

— A veces, sencillamente no podemos hacernos una idea exacta de cuál es la dinámica de una relación, lo mismo que no siempre podemos saber cuáles son las motivaciones de las personas que la componen. No siempre se ven con claridad y acierto las cosas, por mucho que pensemos que sí somos capaces de verlas.

— No todas las personas tienen el mismo nivel de sensibilidad interpersonal. No todo el mundo es igual de sensible a los factores invisibles que afectan a las personas y que definen una relación. Es lo que se llama *inteligencia social*. De la misma forma que hay personas más dotadas para las matemáticas o para el arte, hay otras que tienen un mayor nivel de percepción interpersonal y perciben, de forma innata, mejor que los demás cómo se van creando y desarrollando las relaciones.

— Las personas se equivocan al interpretar lo que otras personas realmente quieren decir. Este posiblemente sea el error más común. A menudo interpretamos mal el nivel de significado de la comunicación humana. Confundir lo que una persona dice con lo que de verdad quiere decir, en muchas ocasiones causa problemas en las relaciones e incluso las impide.

Por estas razones es muy importante saber comunicarse con efectividad y tratar de expresarse, aunque cueste, de la forma en que realmente queremos expresarnos. No debemos exigir imposibles a los demás porque, nos guste o no, todavía no hay nadie que sepa leer la mente.

5.- Los tira y afloja

«Sobre todo, sé bueno: la bondad, más que ninguna otra cosa, es lo que mejor desarma a las personas».
Henri de Lacordaire

Cuando se empieza a definir una relación, es frecuente que se dé una especie de «tira y afloja». Ambas personas empiezan a probar formas de actuar para ir definiendo los límites de la relación. Estos comportamientos no siempre responden a convicciones inamovibles o maneras de ser, sino que son solo actitudes y comportamientos de prueba, más o menos conscientes, para ver hasta dónde puede llegar o aguantar la otra persona. Por eso es normal que si uno fuerza una determinada actitud, pueda provocar en la otra persona una actitud de rechazo, y que en cuanto la abandone, vea que la otra persona deja de estar a la defensiva y pasa a tratar de recuperar el terreno perdido. Los enfados en una pareja son, en algunas ocasiones, reflejos de este tipo de comportamientos.

Estos tira y afloja no solo se dan al principio de las relaciones. También se pueden dar en relaciones ya definidas pero que exploran nuevos terrenos y se ven sometidas a nuevos problemas. O incluso se pueden dar como norma, porque sencillamente las dos personas han definido la relación así, como por ejemplo dos personas que discuten constantemente por cualquier cosa.

Los tira y afloja no son más que movimientos de tanteo, de prueba, para ir definiendo la relación o para definir nuevos caminos en una relación ya hecha. Por desgracia, muchas personas no los reconocen y les acaban dando una mayor importancia de la que tienen, lo que imposibilita que se creen o mantengan relaciones con ellas. Después, su forma de ver la vida y sus creencias irracionales les suelen impedir relativizar estos movimientos y dar marcha atrás para recuperar la relación perdida.

6.- Algunas personas reaccionarán de formas que nos costará aceptar

> «Se puede confiar en las malas personas, no cambian jamás».
> William Faulkner

Lo crea o no, hay personas que desconocen las reglas más elementales de relación con los demás. Mucha gente no se autolimita en su forma de relacionarse con los demás porque lo malinterpreta como un signo de pérdida de libertad personal.

Sin necesidad de referirme a casos extremos, en las relaciones algunas personas pueden desplegar una serie de comportamientos negativos de baja intensidad que funcionan como si fueran *mobbing laboral*. Son una especie de «agresiones pasivas»: dejar de hablar a una persona, retirarle el saludo, ignorar su presencia, mentir en cosas sin importancia, engañar, juzgar por la imagen o exagerar la importancia de pequeños fallos son conductas que están muy extendidas en las relaciones entre personas, aunque no es frecuente que se escuche hablar de estos temas.

Estas conductas se dan no solo durante las relaciones, sino al principio de ellas, mientras aún no se han definido siquiera, con lo que las imposibilitan. Como decíamos al principio del libro, muchas personas, debido a carencias educativas o a la falta de unas normas de educación básicas aceptadas socialmente desconocen las normas más elementales de comportamiento.

Y como también señalábamos al comienzo del libro, estas conductas se pueden dar en personas que, aparentemente, están perfectamente integradas en la sociedad y que no pertenecen a grupos marginales o especialmente maltratados que puedan haber provocado que desarrollen conductas agresivas o de rencor. Tal vez se comporten así como reacción defensiva a malas experiencias pasadas (como veremos al hablar de la afectividad negativa), pero por mucho que se haya sufrido en el pasado, nada justifica este tipo de actitudes y conductas, que no hacen más que aislar a esas personas y les imposibilitan construir relaciones positivas.

Por eso, acepte que se encontrará con gente que, por mucho que a usted le sea difícil de asimilar, se comportará así. Nada mejor que saber reconocer con rapidez estos signos para apartarnos sin perder un solo minuto de personas con estas actitudes tóxicas y dejar atrás relaciones de este tipo.

7.- La desventaja de la experiencia

> «Tanto o más importante que lo que en el pasado ha hecho una persona, es lo que ella hace con su pasado».
> G.A. Kelly

A medida que se tienen más experiencias, aumenta la probabilidad de que algunas de ellas, en lo que se refiere a las relaciones personales, hayan sido negativas.

Muchas personas, con el pasar de los años, van quedando «tocadas» por las relaciones. Estas malas experiencias les hacen ir desarrollando y generalizando creencias negativas y actitudes defensivas hacia los demás. Crean delante de ellas un muro con el que ya no dejan pasar a casi nadie, por miedo a tener otra experiencia que les haga daño. Se envuelven en una coraza para evitar sufrir o ser dañadas.

En algunos casos, estas personas pueden llegar a desarrollar una *susceptibilidad extrema*, que provoca que estén más atentas a encontrar el más mínimo indicio de falta en los demás, que cosas que les gusten. En casos así, exagerarán los defectos y pequeños fallos de otros, y anticiparán, antes de que existan, futuros problemas en la relación, con lo que negarán, ya desde el principio, la posibilidad de que esa relación se desarrolle.

Esta actitud, aunque comprensible, es equivocada en el sentido de que les impedirá reconocer y disfrutar de relaciones positivas, con las que, con toda probabilidad, tendrán también la oportunidad de encontrarse.

Si bien es necesario aprender de las experiencias, este aprendizaje debe tener una utilidad constructiva, no destructiva. Por ejemplo, ante indicios que nos resulten sospechosos, en lugar de cortar de inicio una relación, podemos ralentizar su ritmo, para que vaya más despacio hasta que confirmemos si esos indicios son realidades. No debemos negarnos las nuevas oportunidades.

En resumen, debemos aprovechar la experiencia para tomarnos nuestro tiempo para que las relaciones sigan el rumbo que deseamos, no para negarnos la posibilidad de encontrar relaciones positivas.

8.- Las personas tenemos un límite emocional

«Escoger el propio tiempo es ganar tiempo».
Sir Francis Bacon

Los seres humanos tenemos una gran capacidad intelectual. Es cierto que con la falta de uso esta se atrofia y una persona puede sentir que ha llegado a su límite, pero esto es solo por falta de una estimulación adecuada. En cualquier momento, y muy rápido, una idea nueva o un comentario ingenioso pueden «encender» nuestra mente.

Sin embargo, emocionalmente somos más limitados, en el sentido de que los mecanismos de las emociones (más en concreto, de los sentimientos) reaccionan cada vez con menos rapidez y flexibilidad con el paso del tiempo. Necesitamos más tiempo para recuperarnos de los impactos sentimentales y volver a funcionar con normalidad. Las personas, a nivel sentimental, tenemos límites. Una vez que llegamos a ellos, no podemos dar más de nosotros mismos en el plano emocional.

Por eso, personas con malas experiencias en relaciones pasadas se pueden sentir agotadas emocionalmente. En casos así, es importante saber tomarse el tiempo necesario para recuperarse, y empezar después, poco a poco y sin prisas, cualquier otra relación que queramos establecer, para que, de nuevo, nuestros mecanismos emocionales y sentimentales vuelvan progresivamente a funcionar.

9.- No existen los príncipes azules ni las princesas rosas

> «Muchas personas se pierden las pequeñas alegrías
> mientras aguardan la gran felicidad».
> Pearl S. Buck

Como norma general, nadie va insistir en querer conocernos y establecer una relación con nosotros si no le damos buenos motivos. Por mucho que pensemos que valemos y que somos unas personas estupendas, de grandes valores e incontables virtudes, si no lo demostramos, son pocas las personas que se van a sentir dominadas por un impulso irrefrenable de romper nuestra coraza y llegar a nuestro interior.

Para los demás, somos lo que hacemos y mostramos, no lo que nosotros pensamos que somos. Nos definen nuestros actos, no nuestros pensamientos. Por eso, siempre que podamos, y sobre todo en los momentos en que alguien muestra esa chispa de interés en aproximarse a nosotros, debemos tratar de alimentar esa chispa con comportamientos que retroalimenten ese impulso. De las personas reales debemos esperar comportamientos reales y relaciones reales, no exigencias imaginadas solo en nuestra mente por causa de no habernos parado nunca a pensar cómo de verdad son las personas.

También debemos tener en cuenta que en el curso de nuestra vida aparecerán oportunidades de relaciones que tal vez anticipemos que serán más breves de lo que querríamos, pero eso no es motivo para que no podamos tenerlas y enriquecernos con lo que nos puedan aportar y enseñar. Además, una vez puesta en marcha la dinámica de la relación, nunca se sabe la dirección que puede tomar.

10.- La gente cree que obra bien cuando actúa mal

«Aun los inteligentes cometen errores, pero son los tontos los que nada hacen por corregirlos».
Arthur Schopenhauer

Es así. Generalmente, las personas no van por ahí comportándose en sus relaciones autodestructivamente o buscando hacerse daño a sí mismas.

Las personas actúan siempre con lógica, pero como ya hemos visto, es su lógica interna la que siguen. Por este motivo, todos nos podemos equivocar en una relación. Al fin y al cabo, un error es algo que hicimos pensando que tendría consecuencias positivas para nosotros pero que acabó saliendo mal.

En muchas ocasiones, en las relaciones personales, la gente actúa mal simplemente porque se equivoca. Y todos nos equivocamos. Cometer errores en las relaciones personales es algo que ni nosotros ni los demás podemos evitar por mucho cuidado que pongamos. La diferencia, y por esto sí que podremos juzgar si una relación sigue una dinámica positiva o negativa, es si las personas están atentas a las consecuencias de lo que hacen y dicen en una relación y se esfuerzan por corregir sus errores.

Si una persona está demasiado encerrada en su lógica interna, tanto como para no ser capaz de ver cuando se equivoca, entonces las relaciones que formará nunca serán complementarias, sino que en ellas se producirán continuos conflictos y tensiones por exigir a los demás que acepten siempre su personal punto de vista.

11.- Hay personas con las que es mejor no relacionarse

«Las personas afortunadas se corrigen poco: creen
tener siempre razón mientras la fortuna sostiene su mala
conducta».
François de la Rochefoucauld

Desgraciadamente es así. Cuando se habla de personas, todo es interpretable, porque cada punto de vista debe ser respetado y se puede llegar a entender haciendo el esfuerzo necesario para ponerse en el lugar de la otra persona. Pero hay personas, como ya hemos apuntado, cuya lógica interna no admite matices o interpretaciones. Es una lógica interna tan inflexible que resulta dañina para las relaciones.

Estas personas están tan encerradas en sí mismas, principalmente como actitud defensiva, que no están dispuestas a ceder el más mínimo terreno personal a la hora de relacionarse. Solo aceptan relaciones asimétricas rígidas. No saldrán jamás de la coraza interior que han construido para defenderse del mundo. Incluso pueden percibir nuestros intentos de relacionarnos con ellas como agresiones, por muy buenas intenciones que nosotros tengamos.

En casos como estos, pueden llegar incluso a desarrollar actitudes tóxicas para defenderse de cualquier intento de romper esa coraza: hostilidad, mentiras, retorcidas justificaciones… Por mucho que cueste aceptarlo, en casos así es mejor dejar a esas personas. Si a pesar de su actitud insistimos en mantener una relación con ellas, solo estaremos reforzando su lógica interna. Solo existe una persona que pueda romper esa coraza defensiva: ellas mismas. Lo harán cuando ellas quieran, no cuando nosotros se lo digamos. Y querrán hacerlo cuando deje de darles los resultados que esperan. Lo mejor es alejarse y confiar en que el tiempo les haga ver lo perjudicial que para ellas mismas es su actitud.

12.- Muchas personas utilizan las relaciones como un medio para conseguir sus fines

«¿Queréis contar a vuestros amigos? Caed en el infortunio».
Napoleón I

De hecho, todos nos relacionamos con los demás para conseguir un fin. La diferencia está en que para unas personas los fines son más altruistas o de un carácter más emocional, mientras que para otras personas los fines son cuestiones mucho más prácticas y concretas. Pero todos intentamos satisfacer necesidades, además de las afectivas, mediante las relaciones con los demás. Ese es el verdadero significado que tiene que el ser humano sea un ser social.

Hay personas para las que la base de una relación no es el bienestar emocional o los sentimientos, sino cuestiones prácticas como la posición social, el dinero o la imagen, por citar algunas.

Puede que, si es usted una persona con gran sensibilidad interpersonal, esto le escandalice o le decepcione, pero lo cierto es que este tipo de relaciones ha sido, probablemente, el más frecuente desde que el mundo es mundo. Más allá de consideraciones morales, en las que hemos dicho que no íbamos a entrar en este libro, esto es algo que debe tener en cuenta si realmente quiere entender mejor las relaciones humanas.

13.- Cualquier relación es susceptible de terminarse

«Las personas cambian y generalmente se olvidan de comunicar dicho cambio a los demás».
Lilliam Hellman

Nunca cometa el error de pensar que una relación está bajo su control. No importa lo que usted piense, ni lo segura que crea que es su relación con otra persona: si la dinámica de la relación toma una dirección negativa, existe la posibilidad de que cualquier relación, por estrecha y duradera que haya sido, termine extinguiéndose. A pesar de que se conozca a usted mismo y a la otra persona, y ambos hayan expresado su deseo de mantener esa relación, lo cierto es que ambos están expuestos a la dinámica de la relación, que influirá en sus pensamientos y sus sentimientos. Si se dan las circunstancias adecuadas, en cualquier momento se puede levantar un muro entre ambos que resulte infranqueable a pesar de sus esfuerzos.

Dicho esto, tampoco debe desesperarse. De la misma forma que la dinámica de una relación se puede tornar negativa, también, si la hemos cuidado, puede mantenerse en un rumbo positivo que resulte satisfactorio para las dos partes. Sencillamente, debe tomar conciencia de que cualquier relación puede tener un final. Así, si esto se produce, no le cogerá por sorpresa, y tal vez sepa ayudar a que el final sea lo menos traumático posible para usted y para la otra persona, no permitiendo que se generen en cualquiera de los dos sentimientos negativos de los que les puede costar mucho tiempo y sufrimiento liberarse.

14.- Las relaciones evolucionan con el tiempo

> «Las horas y los días y los meses pasan; el pasado
> jamás regresa y no podemos saber lo que habrá de ser;
> pero sea lo que sea lo que el tiempo nos depare,
> debemos estar contentos con ello».
> Horacio (o quizá Cicerón)

La dinámica de las relaciones hace que estas evolucionen, y vayan pasando por distintas etapas. Unas son mejores y otras peores. Todas las relaciones pasan por etapas, así que si queremos mantener una relación, debemos tener cuidado de no confundir una época mala (que puede acabar pasando si sabemos ser pacientes) con la etapa final de la relación.

No debemos esperar que una relación, sea del tipo que sea, se mantenga siempre como al principio. Nuestras expectativas sobre el curso de una relación deben ser más realistas, y ajustarse al curso real de las relaciones personales. En una relación de pareja, por ejemplo, es ingenuo pensar que siempre se va a vivir en una permanente luna de miel.

La complejidad emocional del ser humano hace que no se genere un solo sentimiento ante una relación, sino varios, y que en ocasiones pueden parecer opuestos. Por eso, una vez que sentimos satisfecha nuestra necesidad afectiva podemos tener pensamientos y sentimientos pasajeros que solo son creados cuando tenemos satisfecha la necesidad de relacionarnos. Sin esa base no existirían, porque sería la necesidad básica de relacionarnos la que dominaría nuestros pensamientos y sentimientos.

Así, podemos enfadarnos con un amigo, pero en cuanto nos falte su amistad el enfado desaparecerá. También podemos dejar de valorar lo que nuestra pareja nos aporta, e incluso llegar a infravalorarla, pero si nos falta es muy posible que esos sentimientos desaparezcan y quede solo la base, la necesidad afectiva.

Si exigimos demasiado a las personas y a las relaciones, y no ajustamos nuestras expectativas a cómo es realmente el proceso de evolución y desarrollo de una relación, nos desilusionaremos con facilidad e imprimiremos impulsos para que la dinámica de la relación tome un curso negativo, haciendo que, probablemente, se acabe terminando. Si esto ocurre, cuando empecemos otra relación, esta seguirá también esas etapas, así que es muy posible que al cabo del tiempo nos encontremos en la misma etapa que nos llevó a desilusionarnos en la anterior relación pero con una persona distinta, acercándonos, decepcionados, cada vez más a nuestro límite de agotamiento emocional.

15.- Habrá gente que tratará de convencerle de que actuar con buena intención en una relación es comportarse de forma equivocada

«Todo está perdido cuando los malos sirven de ejemplo y los buenos de burla».
Demócrates

Esta es una creencia muy común y extendida, que no sirve más que para hacer un daño innecesario a una persona cuando una relación no le ha salido como esperaba. Muy posiblemente sea una creencia derivada de la autocompasión, a la que todos recurrimos en mayor o menor grado cuando no entendemos por qué las cosas no salen como queremos.

Si en una relación una persona pone de su parte todo lo que cree que es necesario para que funcione, está actuando de la forma correcta. Si lo hemos intentado, y no ha salido bien, no porque hayamos hecho algo mal intencionadamente, sino porque la dinámica de la relación ha acabado derivando negativamente, entonces debemos aceptar que la relación no dependía enteramente de nosotros, y tampoco dependía por completo de la otra persona. El que haya salido mal se debe al rumbo que tomó la dinámica de la relación.

Es cierto que uno puede poner de su parte, y la otra persona no, o poner en un porcentaje menor, como vimos al hablar de las relaciones asimétricas. En ese caso la responsabilidad estará más del lado de la otra persona que de quien lo intentó poniendo en juego todos los recursos personales de los que disponía.

Puede que al acabar una relación en la que tenía expectativas sienta dolor y sufra durante un tiempo. Las relaciones en las que hay implicación emocional son así. Debemos aceptar que a veces las relaciones no funcionan, sin más. Puede ser debido a malas intenciones de otras personas, a errores que hacen que se entre en una dinámica negativa, a que la relación no es complementaria o a situaciones emocionales personales. Pero eso no debe hacer sentir a quien lo ha intentado que ha actuado mal. Querer que una relación funcione y no actuar haciendo lo que se cree que hay que hacer para que funcione sí es un comportamiento en contra del sentido común, y que solo lleva a un lugar: la extinción de la relación.

16.- Cuando se termina una relación muchas personas tratan de cambiar sus sentimientos como actitud defensiva

> «La alegría de la vida deriva de expresarnos, de correr riesgos, de aventurarnos. No todo el mundo te amará, pero tú sí puedes amar a quien desees».
> Andrew Matthews

Cuando se acaba una relación, si ha sido una relación con gran contenido emocional, muchas personas, como reacción defensiva y como forma de superarla, tratan de negar y cambiar sus sentimientos a los contrarios de los que tenían en la relación. Tratan de negarse a sí mismas sus verdaderos sentimientos y no se dan tiempo para que desaparezcan progresivamente y se cambien por otros, también positivos pero de menor intensidad (respeto, agradecimiento, etc.). Así, el amor se puede acabar convirtiendo en odio o resentimiento.

Quienes actúan de esta manera, para liberarse del dolor que les causa el recuerdo de la relación rota, tratan de poner la mayor distancia posible con la otra persona. Esta distancia será tanto física, como psicológica y emocional. Esto puede hacer que dos personas que compartieron una relación profunda acaben siendo, al menos en apariencia, unos desconocidos el uno para el otro.

No entender y aceptar este comportamiento en otra persona puede hacer que se presione demasiado a alguien para que valore, como nosotros pensamos que debería hacerlo, una relación. Es necesario dar tiempo a que los procesos del complejo mundo emocional humano actúen, y que cada persona desarrolle, poco a poco, el sentimiento con el que recordará una relación y que le ayudará a continuar con su vida.

Una vez terminada una relación, nada ganamos, más que alimentar nuestro ego, con saber cuáles son los sentimientos de otra persona. Debemos dejar espacio para que cada uno, con la ayuda del transcurso del tiempo, asimile esa parte de su vida y la encaje en su historia particular.

17.- Aun en las relaciones que terminan mal las personas tienen sentimientos positivos

> «Lo que ocurre en el pasado vuelve a ser vivido en la memoria».
> John Dewey

En toda relación, por negativa que al final haya podido ser, las personas no pueden evitar tener sentimientos positivos, aunque nosotros nunca lo sepamos. Nadie nos odiará o rechazará siempre todo el tiempo. Y nadie nos olvidará del todo. Habrá momentos en que incluso los más enfrentados enemigos reconozcan alguna virtud en el otro o añoren algún momento pasado.

Esto es así, lo que ocurre es que nadie con quien hayamos tenido una relación que se haya roto nos lo suele decir. Pero basta con que reflexionemos unos momentos en cómo pensamos y sentimos nosotros mismos. Con toda seguridad, para la mayoría de las relaciones en las que los lectores puedan estar pensando, habrá habido momentos en que, una vez terminada la relación, han recordado algunas situaciones con añoranza.

No importa que haya sido una relación sentimental, de amistad o de trabajo. El contacto continuado con otras personas nos deja *huellas psicológicas*, porque su proximidad satisfizo, durante un tiempo, nuestras necesidades afectivas y nos sirvió para no estar solos. Borrar esa huella psicológica no se consigue de un día para otro, sino que es un proceso gradual y que lleva tiempo. En las relaciones personales, el olvido es un proceso progresivo, que hace que los sentimientos vayan perdiendo intensidad con el transcurrir del tiempo. Al igual que los sentimientos hacia una persona no se forman en un día, tampoco desaparecen de repente. Cuando una relación se rompe, se va pasando por unas fases de desapego emocional que requieren tiempo.

Durante este proceso pasaremos por situaciones de nostalgia y recuerdo, aunque también podamos pasar por otras de odio, alivio o dudas. Cuanto más sentimental haya sido la relación, más intenso será este proceso y más tiempo llevará.

Tal vez algunos lectores piensen que esto se debe a esa creencia tan arraigada de que con el tiempo nos acordamos solo de las cosas positivas. Sin embargo, creo que se debe a que con el paso del tiempo va perdiendo fuerza y desapareciendo en nuestra valoración de una relación pasada uno de los filtros por los que las personas interpretamos la realidad y nos relacionamos con los demás: las emociones.

Como veíamos en el apartado *Las claves de una persona*, cada uno de nosotros puede ser definido en tres aspectos: cómo somos (la personalidad), cómo sentimos (las emociones) y cómo pensamos (la mente). El paso del tiempo hace que la carga emocional con la que filtramos la realidad, y que influye en nuestra valoración de situaciones y personas, se debilite, lo que nos permite analizar y valorar las situaciones con menos subjetividad, ya que les aplicamos un filtro menos. Los sentimientos, como vimos, no son reacciones emocionales propiamente dichas, sino que se crean con nuestros pensamientos.

No obstante, a pesar de lo dicho, no debemos confundir el que una persona o nosotros tengamos sentimientos positivos con que se quiera retomar una relación acabada. No siempre será así. Por un lado están esos sentimientos positivos que en ocasiones todos tenemos hacia alguien con quien hemos compartido tiempo de nuestra vida, pero por el otro está la valoración general que hagamos de esa relación y lo que pensemos que nos aportará a nuestro presente y nuestro futuro.

18.- Las relaciones, cuanto más emocionales sean, al principio penden de un hilo muy fino

> «¿Puedes andar sobre el agua? No hiciste más que lo que hace una paja. ¿Puedes volar por el aire? No hiciste más que lo que hace una mosca. Vence a tu corazón.
> Entonces quizás llegarás a ser alguien».
> Ansari de Herat

Sabemos que uno de los tres filtros con los que los seres humanos interpretamos la realidad es el filtro emocional. La mayoría de las personas son prisioneras de sus emociones, que generan en ellas pensamientos y reacciones aun en contra de lo que desean realmente.

Cuando una relación empieza, las emociones suelen estar a flor de piel, y los verdaderos sentimientos de una persona respecto a la otra todavía están formándose. Se está en un momento muy delicado, en donde emociones van dando forma a sentimientos hacia los que algunas personas pueden sentir miedo, por su intensidad, profundidad y posible duración.

Esto provoca que, en esos momentos, la relación pueda estar en un punto muy delicado. Cualquier palabra, gesto o comportamiento es susceptible de ser profundamente distorsionado por el filtro emocional, y es posible que la mente de la otra persona esté más predispuesta a encontrar amenazas (aun donde no las haya) que a encontrar razones.

Cuanto más control se tenga sobre las emociones propias, y mejor se sepan reconocer las de los demás, menos expuestos estaremos en nuestras relaciones a que sean las emociones quienes nos dicten cómo pensar y comportarnos. Si somos capaces de sobreponernos a esas alertas emocionales y continuar avanzando con valentía en las relaciones, podemos llegar a conocer mejor a las otras personas, y tal vez forjar relaciones que nos acompañen durante mucho tiempo.

18. REGLAS PARA LAS RELACIONES PERSONALES

«...escuchar al otro huyendo del barullo de uno mismo».

Josep Pla

«Mientras las personas escruten su propia conciencia, inclinándose con complacencia sobre sus estados de ánimo (...), la ciencia psicológica no puede avanzar; no pasa de ser un mero análisis literario».

John Watson

A continuación pasamos a explicar una serie de reglas que, si las tiene en cuenta, le servirán para entender y gestionar mejor sus relaciones personales. Estas reglas no son percepciones subjetivas o ideales de cómo debería ser la gente, sino que se basan en todo lo que hemos visto hasta ahora.

Las variables que influyen en la personalidad humana y en las relaciones entre personas son tantas, de tan distintas intensidades y es tan difícil establecer las relaciones entre ellas, que a muchos la personalidad humana simplemente les parece un caos y las relaciones un desorden, un choque de fuerzas imposible de medir. Detrás de esta idea subyace, en algunos casos, una concepción romántica e idealista de las personas, según la cual se cree que el ser humano es tan complejo e impredecible que intentar describirlo según reglas o patrones es como intentar analizar la belleza o el arte.

Quienes así piensan olvidan que detrás del arte hay mucho trabajo, reglas y técnicas. Ningún gran pintor, por ejemplo, pinta al azar, sin seguir una técnica y sin tener un amplio conocimiento de los instrumentos necesarios para su trabajo. Quienes creen que la evidente complejidad del ser humano es insalvable, intangible o inalcanzable tampoco tienen en cuenta que si los médicos de hace siglos hubieran mantenido esa misma idea, se habrían mantenido apartados del estudio de la biología y fisiología humanas, con lo que operaciones quirúrgicas sencillas hoy en día, que no nos suponen más que un pequeño contratiempo en nuestra vida diaria, serían imposibles y nos complicarían, tal vez incluso fatalmente, nuestra existencia. Debemos ser capaces de superar las barreras que nuestros miedos, prejuicios o limitaciones nos imponen, para lograr pensar con más amplitud y ver y aceptar a las personas y sus relaciones como son en realidad.

Partiendo del conocimiento sobre cómo son las personas y cómo se definen y evolucionan las relaciones, podemos establecer una serie de reglas que nos permitirán relacionarnos con los demás de una forma más efectiva. Relacionarnos de forma más efectiva no significa conseguir llevarnos bien con todos o caerle bien a todo el mundo, sino conseguir aceptar la forma en que muchas personas se relacionan con nosotros, mejorar nuestra capacidad de relación con los demás y disminuir el grado de sufrimiento psicológico que algunas situaciones propias de las relaciones personales nos producen.

Sospecho que no todas las reglas le van a gustar al lector, o que hay algunas que pueden parecerle incluso injustas. Tal vez hasta demasiado generosas. Si eso ocurre, será probablemente porque las está valorando desde su perspectiva personal, filtrándolas de acuerdo con su manera de ser, sentir y pensar. Si lo hace así, se dejará guiar por su lógica interna, que nos lleva a todos a exigir, inconscientemente, que la realidad debe ser como nosotros queremos que sea. Recuerde que en las primeras páginas del libro decía que pretendía que el lector diera un paso atrás que le permitiera *«salir del bullicio de sus relaciones personales cotidianas, para verlas desde una nueva perspectiva»*. Estas reglas son esa nueva perspectiva. Y tratan, en definitiva, de que ajustemos nuestras expectativas y nuestra forma de relacionarnos a cómo son realmente las personas y las relaciones personales.

Reglas para las relaciones personales

1.- No espere demasiado de las personas. No tome esto en sentido negativo. Es solo que normalmente esperamos demasiado de los demás, pero no porque nadie sea capaz de dar mucho, sino porque generalmente lo que de verdad esperamos es que todos se comporten según nuestros deseos y necesidades. Esto es un error.

Ya sabemos que cada persona reacciona y se comporta según su lógica interna.

2.- Acepte que lo importante para tener una relación es ser capaces de desarrollar una relación basada en la complementariedad, sea simétrica o asimétrica. No es necesario relacionarnos solo con las personas más parecidas a nosotros. Nos enriquecemos con la diferencia.

3.- Acepte, de verdad, que hay personas diferentes a usted. Esfuércese en aceptar, emocionalmente, que hay personas con una lógica interna que le es imposible entender o incluso compartir. Acepte que encontrará personas que tendrán una forma de ser tan distinta a usted que sentirá el impulso de etiquetarlas como «raras». Esfuércese por aceptar la diferencia. Para relacionarse con alguien no es necesario entenderlo, solo aceptarlo. Las diferentes formas de ser que tienen las personas son parte de la diversidad posible de la personalidad humana.

4.- Acepte que las relaciones humanas son complejas, pero no necesariamente tienen que ser difíciles. Solo son tan difíciles como queramos que sean, si no hacemos el esfuerzo de comprenderlas. Tal vez solo requieren una mente más abierta, más esfuerzo, tiempo y paciencia de lo que creíamos. Si aplicamos lo que hemos aprendido hasta ahora en el libro, las relaciones humanas nos parecerán mucho más comprensibles. Otra cosa muy distinta es que sean como a nosotros nos gustaría que fueran.

5.- Acepte que las cosas no siempre saldrán como usted quiere, sino que saldrán de una manera que probablemente ni se imagina. La dinámica de la relación es la que marca a dónde va una relación.

6.- Sea asertivo/a, es decir diga lo que piensa y lo que siente con sinceridad y honestidad, pero sin intentar imponer su punto de vista o herir a nadie. Mostrarnos como somos en una relación es la mejor manera de poner a la vista lo que realmente necesitamos, y esa es la forma más adecuada para que nuestra aportación ayude a definir la relación en un sentido que nos resulte positivo.

7.- Preste atención a las personas. Acostúmbrese a escuchar a los demás, y a reflexionar sobre lo que le cuentan. Atiéndales cuando le hablen. Interésese por los temas que les interesan a los demás. No menosprecie los intereses de otras personas. Con lo que los demás le cuentan, le están dando información sobre quiénes son y qué quieren. Aprenda de ellos. Es la mejor forma de asegurarnos de que cuando nos toque a nosotros se van a interesar por lo que decimos.

8.- Respete profundamente, y sin calificarlas, a las personas y su forma de ver la vida, aun cuando no la comparta o no la entienda.

9.- No se obsesione con una relación. Si es consciente de que una relación no le aporta lo que necesita, si la valoración es más negativa que positiva y sufre o se preocupa más de lo que disfruta, no se obceque. Termínela o deje que se termine por su propia inercia. No la mantenga a cualquier precio.

10.- Intente no herir a las personas a la hora de terminar una relación. Si su decisión es firme, comuníquela con sinceridad y dé los motivos verdaderos. Evite hacer reproches. No hay culpables. Y tenga en cuenta que tan importante como llegar a un sitio o saber estar en él, es saber irse. Puede que el tiempo modifique sus sentimientos y acabe viendo las cosas desde una perspectiva diferente. En ese caso, si pretende retomar la relación más adelante, en la valoración que la otra persona haga de usted pesará mucho si logró entender por qué quiso terminarla.

11.- Acepte que otras personas no se comportarán con la misma sensibilidad que usted en las relaciones personales. Aprenda a aceptar lo que sus emociones le llevarán a considerar ingratitud. En realidad, lo que ocurre es que buena parte de la gente no es capaz de ver las consecuencias de su comportamiento ni de adivinar las necesidades de los demás. Suelen estar demasiado ocupados en entenderse a sí mismos y luchar contra sus emociones y su forma de pensar.

12.- No haga excesivo caso a sus emociones. Actúe como quiere, no como le dicen sus emociones. Explore cuáles son sus sentimientos y actúe de acuerdo a ellos, no a sus emociones. Recuerde la diferencia que hay entre ambos.

13.- Pase las pequeñas faltas. Sobre todo al principio de la relación. Es normal sentirse extrañado por el comportamiento de otra persona y reaccionar emocionalmente ante pequeñas faltas que no son más que formas de ser que no entendemos, o errores sin importancia. Si nos dejamos llevar por nuestro filtro emocional, exageraremos las consecuencias de puntos de vista, actitudes o comportamientos ajenos y para los que en realidad solo necesitamos un poco de tiempo para adaptarnos. Deje que la relación se vaya definiendo y acepte movimientos ligeramente bruscos como señales de que empieza a navegar por un mar que no conoce todavía. Dese tiempo y dé tiempo a la otra persona para que se acostumbren uno a otro.

14.- No mienta. La mentira y el engaño solo aportan negatividad y toxicidad a una relación. No crea que porque la otra persona no se dé cuenta, no acabará saliendo la verdad a la luz. Usted no tiene todo el control sobre la relación, y con el curso del tiempo, puede desarrollar dependencia emocional o llegar a valorar tanto la relación que sienta remordimientos y surja en usted la necesidad de ser sincero y descubrir usted mismo engaños pasados. Recuerde que después de las necesidades afectivas necesitamos cubrir nuestras necesidades de reconocimiento y autorrealización, y esas necesidades son incompatibles con que se nos den cosas que sabemos que no merecemos. Con más frecuencia de lo que se dice, las personas se lamentan de sus errores y se sienten mal por haber actuado mal.

15.- Compórtese con educación. Es la mejor manera de mostrarle nuestro respeto a otras personas, y de que se den cuenta de que las respetamos. No confunda la confianza o la intimidad con poder permitirse dejar de ser educado.

16.- Acepte que habrá cosas de otras personas y de las relaciones que no le gustarán. No piense con ingenuidad, también hay cosas de usted que no le gustan a otras personas y se las están pasando por alto sin que se dé cuenta.

17.- No dé por supuesto nada sobre la relación ni sobre la persona con la que tenga una relación. No importa ni el tiempo, ni la confianza que tenga. Cualquier relación es susceptible de terminarse.

18.- Cada paso que se dé en una relación debe ser de común acuerdo. Una relación va por buena dirección si las dos partes están de acuerdo en la dirección que ha tomado. Si una de las personas no está de acuerdo, o no está convencida, es posible que tarde o temprano quiera dar marcha atrás. Cuanto más tarde dé marcha atrás, más lejos habrá avanzado la relación, y más alejados estaremos nosotros de donde estábamos al principio. Habremos desarrollado más dependencia de esa relación, y la tendremos en cuenta para dar por satisfechas nuestras necesidades afectivas. Así que si alguien le hace ver que tiene dudas o no está de acuerdo en continuar una relación, no lo tome a mal. Agradézcalo, al menos interiormente, aunque le duela o no lo comparta, porque le están ahorrando, con mayor o menor intención, un sufrimiento futuro mucho mayor.

19.- Aprenda a dar tiempo y espacio a las personas. Dándoselo a ellas, se lo está dando a la propia relación. El tiempo y la distancia ayudan a dar forma a los sentimientos. Las personas necesitan tiempo para acomodar su lógica interna a la de la relación. Recuerde que cada paso debe ser consensuado. Si no, es mejor no darlo.

20.- Permita que cada persona llegue a sus propias conclusiones. Como hemos dicho en el punto anterior, si una persona necesita tiempo y espacio para tomar decisiones, déselos. Las personas no siempre se lo pedirán directamente, pero harán o dirán cosas para conseguir tomar distancia de la relación. Aprenda a reconocer esas demandas y no las confunda con rechazos o reproches. La otra persona solo está pidiendo espacio para pensar y decidir. No se lo impida. Al contrario, facilíteselo.

21.- Aprenda también a darse tiempo y espacio a usted mismo/a. No pretenda entender a las personas o a las relaciones al momento, porque así lo único que hará es intentar entenderlas aplicando sus propios filtros sobre la realidad. Si se da tiempo, sus filtros emocionales y mentales irán perdiendo fuerza, e irá asimilando la forma de ver las cosas de los demás. Una vez asimilada, les comprenderá mejor.

22.- No se esfuerce demasiado. No puede convencer a una persona de lo que es bueno o no para ella. Hay que dejar que los demás lleguen a sus propias conclusiones. Si una persona quiere relacionarse con usted, ya le dará la oportunidad o buscará que aparezca el momento adecuado. Haga sus intentos y tome la iniciativa cuando quiera, pero no insista demasiado en tener relaciones si los demás no están convencidos.

23.- Tenga paciencia. Si no la tiene, no será capaz de dar tiempo y espacio, ni a los demás ni a usted mismo. No tenga prisa. Las relaciones van a su propio ritmo y necesitan su tiempo. Deje que evolucionen y sigan su propia dinámica.

24.- No haga demasiados esfuerzos por entender o influir en la dinámica de una relación. Lo normal es que no lo consiga. Una relación es más que la suma de sus partes, por mucho que usted quiera ser el total. Sea usted mismo/a y relájese.

25.- Acepte las pérdidas. A veces las relaciones no salen como queremos, o no van en la dirección que nos gustaría. No sufra preguntándose por qué o por qué no. A veces no es por nadie. Es por la propia dinámica de la relación. Eso sí, trate de aprender de los errores que cree que ha cometido y corríjalos.

26.- No censure la forma de ser de otras personas. Fomente que cada una se exprese tal y como es. Haga que la relación sea un espacio de expresión y desarrollo de la personalidad. No se permita nunca ser la parte negativa de nadie.

27.- Disfrute de la relación. Obsérvela, participe, aporte, aprenda de la otra persona, de la misma manera que disfruta cuando come o bebe algo. Al fin y al cabo está satisfaciendo una necesidad básica.

28.- No se haga daño si una relación no sale. No sufra pensando en *«si no hubiera dicho»* o *«si no hubiera hecho»*. No se haga daño innecesariamente. Si no ha habido mala intención por ninguna parte, y ha mantenido los principios de tratar con respeto, educación y no mentir, el resto son interpretaciones, suyas y de la otra persona. Lo que ocurre es que la dinámica que ha tomado la relación la ha llevado a que se acabara extinguiendo. Actuar de la misma manera, con otra persona, posiblemente hubiera dado resultados distintos.

29.- Ponga unos límites personales (respeto, educación, etc.) que no permitirá que se sobrepasen en una relación. No sea demasiado estricto en esos límites ni ponga el listón muy alto. Es un buen límite no permitir que se le falte al respeto, pero es un mal límite exigir que los demás tengan los mismos gustos que usted. Para fijar los límites debe seguir el criterio de los *mínimos imprescindibles*. A medida que ponga el listón de los límites más alto, más esperará encontrar a personas con su misma lógica interna, con lo que reducirá sus probabilidades de encontrar personas con las que quiera relacionarse. Si los límites que ha fijado para una relación se sobrepasan, hágaselo ver a la otra persona y decida después si ese aviso es suficiente y continúa la relación o prefiere darla por terminada.

30.- En las relaciones sentimentales guíese, y valórelas, por los sentimientos, no por las emociones.

31.- Controle sus emociones. No deje que emociones negativas que no puede evitar sentir, que las habrá, se transformen en sentimientos negativos que acaben perjudicando a la relación. Para eso, aprenda a controlar sus emociones, a tomarse su tiempo y a no dejarse llevar por reacciones emocionales negativas de las que se puede arrepentir cuando desaparezcan.

32.- Comuníquese. Esto es fundamental. Una relación se basa en la comunicación. La comunicación es lo que hace que los filtros que ponemos las personas para percibir la realidad sean menos efectivos, porque intercambiamos información que nos permite conocer otros puntos de vista y formas de ver la realidad. La comunicación debilita los obstáculos que nuestra visión del mundo, subjetiva, limitada y siempre al acecho de posibles peligros, pone a las relaciones. Sin comunicación, la distancia entre las personas se hace insalvable. Por lo tanto, hable, busque la proximidad, pase tiempo con la otra persona. Dé y reciba información. Comuníquese.

33.- Reflexione. De vez en cuando párese a pensar hacia donde está yendo la relación y qué puede hacer para mejorar lo bueno y evitar lo malo. Busque también el punto de vista de la otra persona.

34.- No piense que los demás no se ven afectados por sus relaciones con ellos. Todos, sin excepción, reaccionamos a los demás, y todos, sin excepción, sufrimos por causa de las relaciones personales. Lo que ocurre es que muchas personas prefieren ocultarlo.

35.- Acepte las reacciones de los demás, sean las que sean. Son una forma de expresarse, por lo que le dan información sobre las personas. No aceptarlas supone no aceptar cómo son realmente las personas.

36.- No juzgue rápidamente a los demás. Ni usted ni yo somos tan buenos psicólogos como para saber cómo es alguien en poco tiempo. Podemos hacer suposiciones, pero entre eso y acertar hay una distancia que solo el tiempo e ir conociendo mejor a una persona puede reducir lo suficiente como para que nos aproximemos de verdad a conocer cómo es alguien.

37.- Busque apoyo en los demás. No se aísle. No pretenda que una sola relación satisfaga todas sus necesidades afectivas. Eso es exigirle demasiado a una persona y a la relación con ella. Acostúmbrese también a buscar apoyos puntuales. A veces, el apoyo puede ser una conversación superficial con alguien que no conocemos demasiado. Otras veces, contar un problema a un amigo.

38.- No tenga miedo a hacer movimientos para redefinir las relaciones. A la larga, el estancamiento solo agotará una relación. Si después las cosas no salen como quería, no se preocupe. Si no hubiera hecho nada tampoco tiene la seguridad de que la relación no hubiera entrado en una dinámica negativa por otro motivo.

39.- Compórtese siguiendo una ética personal y unos principios propios en su relación con los demás.

40.- No haga o diga a los demás lo que no está dispuesto a aceptar que los demás le hagan o digan a usted.

19. ACTITUDES QUE INFLUYEN EN LAS RELACIONES PERSONALES

«El infierno somos los demás».
La Divina Comedia
Dante Alighieri

Las personas podemos tener una serie de actitudes que determinarán nuestras posibilidades de establecer relaciones con los demás. Estas actitudes pueden actuar como *facilitadoras* o *imposibilitadoras* de las relaciones personales.

En la medida en que sepamos reconocerlas con rapidez en nosotros mismos y en los demás, podremos usarlas para facilitar nuestras relaciones, bien potenciando las que sean facilitadoras, bien poniendo fin, y sustituyendo por otras, a las que son imposibilitadoras.

Como actitudes que influyen positivamente en las relaciones personales, facilitándolas, podemos nombrar:

— La comunicación.
— La voluntad.
— El perdón.
— La tolerancia.
— Saber lo que se quiere.
— La capacidad para relativizar las cosas y las situaciones.
— El conocimiento de cómo son las personas realmente.
— El sentido del humor.
— La seguridad.

En el lado opuesto, algunas de las actitudes que dificultan las relaciones personales, imposibilitándolas, bien sea porque las impiden, bien porque las vuelven negativas, podemos citar:

— La autocompasión.
— La inseguridad.
— El miedo.
— Las preocupaciones.
— La intolerancia.
— La incomprensión.
— El odio generalizado.
— La anticipación basada en experiencias negativas.
— La exigencia.

Vamos a ver, desarrolladas, algunas de ellas, para transmitir al lector una idea general de cómo las actitudes pueden facilitar o impedir que las personas consigan relacionarse con efectividad.

Actitudes facilitadoras de las relaciones personales

La comunicación

> «Dejamos de temer aquello que se ha aprendido a entender».
> Marie Curie

Hemos hablado de la importancia de la comunicación en el capítulo *La comunicación en las relaciones personales*, pero su importancia es tal que siempre será poco el esfuerzo que hagamos para remarcar la relevancia que una adecuada comunicación tiene para una relación.

La comunicación es vital para las relaciones personales, ya que sin ella no pueden existir. La extinción de cualquier relación es, por definición, la ausencia de comunicación.

Por esta razón es esencial que seamos capaces de desarrollar y tener una actitud comunicativa que nos permita crear y mantener relaciones con los demás. Tener una actitud comunicativa no tiene por qué significar hablar de todo y con cualquiera, sino ser capaces de, en un nivel en que nos sintamos cómodos, transmitir información sobre cómo somos, sentimos y pensamos.

Tener una actitud comunicativa se refiere también a saber escuchar y aceptar la información que nos da otra persona cuando se comunica con nosotros, para que podamos hacernos una idea de quién es, lo que piensa y lo que siente, para lograr entender mejor cómo es, lo que piensa sobre nosotros y sobre la relación.

La voluntad

> «El querer lo es todo en la vida. Si queréis ser felices lo seréis. Es la voluntad la que transporta las montañas».
> Alfred Víctor De Vigny

Difícilmente podremos tener relaciones si no hacemos lo que hay que hacer para tenerlas. No basta con desear algo (sean relaciones u otras cosas), también es necesario estar dispuesto a esforzarse y poner de nuestra parte para conseguirlo.

Muchas personas, por causa de relaciones negativas pasadas, caen en una serie de estados de ánimo o actitudes que les impiden relacionarse de forma efectiva con los demás. Desean ardientemente lograr relaciones personales positivas, porque son conscientes de que esas relaciones les ayudarán a salir de su estado de ánimo negativo, pero a la vez, debido a malas experiencias anteriores, no se atreven a intentar nuevas relaciones, y se terminan refugiando en una zona personal cómoda, en la que no sufren por fracasos de nuevas relaciones personales, pero en la que tampoco reciben las consecuencias positivas de haberse arriesgado a intentar tener nuevas relaciones.

No es suficiente desear que algo nos pase, debemos primero ajustar nuestros deseos a la realidad, y después tener la voluntad de transformar nuestros deseos en actitudes y acciones que nos permitan conseguir lo que queremos. Si no lo hacemos así, dejaremos la posibilidad de conseguir nuevas relaciones en manos del azar, y el azar, como todos sabemos, es caprichoso. Y aun con suerte, si no tenemos la actitud adecuada, es muy probable que cuando se nos presenten nuevas oportunidades seamos incapaces de reconocerlas.

El perdón

> «Solamente aquellos espíritus verdaderamente valerosos saben la manera de perdonar. Un ser vil no perdona nunca porque no está en su naturaleza».
> Laurence Sterne

Es importante saber perdonar para tener relaciones. Pero no se trata de un perdón por cosas importantes, eso ya es una cuestión privada, sino saber perdonar que la otra persona no sea perfecta.

Demasiado a menudo las personas se forman ideales sobre cómo deben ser sus relaciones. Estos ideales pasan a formar parte de su lógica interna, y ocasionan que las personas se decepcionen cuando comprueban que esos ideales no se corresponden con la realidad. Las relaciones de verdad serán siempre con personas reales, que como nosotros, tienen partes de su forma de ser y comportarse que no nos gustan.

Lo normal en cualquier relación es que, mientras se va definiendo, haya pequeños altibajos en los que algunas actitudes, expresiones o comportamientos de la otra persona nos resulten extraños, nos parezcan raros o sencillamente los malinterpretemos y nos los tomemos a mal. Esto pasará en cualquier relación, por lo que si no aprendemos a relativizarlos y superar las sensaciones normales que produce el choque con otra personalidad, no seremos capaces de profundizar en nuestras relaciones. Más allá de esos pequeños «fallos» hay toda una persona, que, si tenemos paciencia y le damos tiempo, puede acabar siendo una relación importante a la hora de satisfacer nuestras necesidades afectivas.

Actitudes imposibilitadoras de las relaciones personales

La autocompasión

> «Nunca vi una cosa salvaje
> tener piedad de sí misma.
> Un pájaro puede caer congelado y muerto desde una
> rama
> sin nunca haber sentido piedad de sí mismo».
> Autocompasión
> D. H. Lawrence

Muchas veces el sufrimiento propio no entendido por los demás se acaba convirtiendo en autocompasión. Cuando una persona sufre, siente el deseo de compartir ese sufrimiento para que los demás la entiendan, y gracias a ese entendimiento, la ayuden y la alivien. Esa es la utilidad de la emoción básica que conocemos como *tristeza*.

Desgraciadamente, en ocasiones los demás, aun las personas más cercanas a nosotros, no siempre nos entienden cuando sufrimos psicológicamente. Incluso, sin ser conscientes de las repercusiones que eso tiene, pueden mostrar actitudes de incomprensión o rechazo, que provocan que busquemos comprensión en la única persona que parece entendernos: nosotros mismos. En momentos así, caemos en la autocompasión.

La autocompasión, en pequeñas dosis, no es negativa. Sirve como sustituto del apoyo que nos gustaría encontrar en los demás, por lo que alivia nuestro sufrimiento permitiendo que recompongamos nuestra lógica interna cuando es desmontada por la realidad. Pero si sobrepasamos ciertos límites en el tiempo que dedicamos a la autocompasión, y en los argumentos que nos damos para autocompadecernos, puede comenzar a hacernos más daño que bien. La autocompasión excesiva puede convencernos de que nuestra lógica interna es la única verdad válida y de que los demás están equivocados, lo que nos llevará a la decepción, la desilusión, y a percibir en las actitudes de los demás una hostilidad (porque son opuestas a nuestra lógica interna) que realmente no tienen.

El sufrimiento psicológico causado por las relaciones personales muchas veces se alivia sin necesidad de encontrar comprensión en los demás. A veces, simplemente porque haya alguien a nuestro lado, físicamente próximo y con el que podamos tener trato, aunque sea superficial, satisfaremos la necesidad de relacionarnos. No hay que obsesionarse porque los demás nos entiendan o nos acepten, a veces llega con hablar con la gente, de lo que sea y sin demasiada intención, para sentirse un poco mejor y recuperar el ánimo.

Por eso, ante nuestro sufrimiento personal debemos buscar en los demás el apoyo que necesitamos, y debemos a aprender a no exigir a los demás que nos den toda la comprensión que quisiéramos, porque sería pedir a los demás más de lo que realmente pueden dar, como vimos en una de las reglas para las relaciones personales. Y si no podemos apoyarnos en amigos, debemos esforzarnos por buscar y crear nuevas relaciones personales que nos permitan recuperar el equilibrio y la estabilidad emocional que otras relaciones nos quitaron.

Las inseguridades

> «Uno no sabe nunca lo que resulta si las cosas cambian de repente; ¿pero sabe uno lo que resulta si no cambian?»
> Elías Canetti

A menudo son nuestras propias inseguridades las que obstaculizan el éxito de nuestras relaciones personales.

Todos tenemos inseguridades, y no reconocerlo es precisamente lo que les da fuerza. Las inseguridades se traducen en miedos irreales y preocupaciones imaginadas, cuyas consecuencias anticipamos antes de que se produzcan en la realidad. Por culpa de ellas, nos limitamos en nuestra forma de pensar y de actuar, y nos sumimos en actitudes y estados de ánimo negativos. Debido a las inseguridades personales, nos paralizamos y dejamos de actuar. Y rara vez nos lo reconocemos, más bien al contrario, porque para justificar nuestras actitudes a menudo validamos esas inseguridades.

Muchas personas prefieren quedarse con la duda de lo que podría haber sido que asumir el riesgo y saber cómo es de verdad una relación con otra persona. Otras preferirán no profundizar en las relaciones con los demás por miedo a no ser aceptadas, ser dañadas o por no tener las preocupaciones que toda relación, por muy positiva que nos resulte, nos obliga a superar.

Debemos aprender a aceptar nuestras inseguridades como lo que son, ni más ni menos. Son solo preocupaciones imaginadas, predicciones sobre el futuro basadas en nuestra particular forma de ver las cosas. Son debilidades de nuestra personalidad, ante las cuales levantamos defensas para protegernos de tener que asumir que puede que, aunque lo intentemos, no consigamos lo que queremos y que tendremos que esforzarnos, o incluso sufrir, para conseguirlo.

El miedo

> «Hay muy pocos monstruos que garanticen los
> miedos que les tenemos».
> André Gide

El miedo es prácticamente la base de todas las actitudes negativas que las personas pueden tener en casi cualquier aspecto de la vida. Los seres humanos tenemos miedo a muchas cosas, y tenemos miedo por un motivo: para evitar ser dañados.

Es normal e inevitable tener miedo. En las relaciones personales el miedo no será, por lo general, tan profundo como podría ser ante otro tipo de situaciones. Normalmente se traducirá en sentimientos y pensamientos de menor intensidad, como las inseguridades y las preocupaciones.

El miedo nos lleva siempre a dos tipos de reacciones: defensivas o agresivas. En una relación personal, las reacciones *defensivas* serán para evitar la relación, para de esa forma eludir las posibles consecuencias negativas que el miedo nos hace anticipar. Las reacciones *agresivas* se traducirán en intentos de culpabilizar a la otra persona de nuestros propios miedos (*«no haces esto»*, *«me haces sentir aquello»*, *«hice esto por tu culpa»*).

Al igual que las inseguridades, el miedo solo existe dentro de nosotros. Debemos ser capaces de superar nuestros miedos personales para que no nos imposibiliten crear lazos afectivos y de relación con los demás.

Dentro de un orden, sean cuales sean las reacciones o comportamientos de otras personas en una relación, no se asuste. Tenga paciencia y espere a conocerla más. Aunque a veces pueda ver comportamientos que le recuerden a otros que le causaron problemas en relaciones pasadas, la dinámica de la relación que surja con esa nueva persona puede ser diferente a la que tuvo en otra relación ya terminada.

Un último apunte sobre las actitudes imposibilitadoras

Todos mostramos, en alguna ocasión, actitudes que nos imposibilitan crear y mantener relaciones con los demás. No debemos culparnos por tenerlas, porque tienen la función de defendernos. Tampoco es necesario obligarse a no tenerlas y, por norma, lanzarnos ciegamente en cada relación con la que nos encontremos, obviando que la otra persona puede no tener una disposición tan abierta como la nuestra, e ignorando que hay personas con las que las relaciones pueden ser muy negativas. Pero debemos hacerles el caso justo. No debemos permitir que sean estas actitudes quienes guíen nuestra conducta y determinen nuestra forma de pensar y sentir. No debemos, por actuar siguiendo su dictado, cometer injusticias, no ya con los demás sino con nosotros mismos, al negarnos la posibilidad de satisfacer nuestra necesidad de tener relaciones personales. Debemos aprender a controlarlas y hacerles caso en la medida adecuada. Deben servirnos para mantener cierto grado de alerta, pero no para impedirnos actuar como nos gustaría hacerlo. En las relaciones, nuestra voluntad siempre debe predominar más que nuestro miedo.

Las actitudes imposibilitadoras que hemos visto se dan en todas las personas, no solo en nosotros mismos. Piense que cuando una persona decide mantener una relación con usted está, sin que usted lo sepa, obligándose a superar esos miedos. Solo el hecho de que fuéramos conscientes de esto ya nos debería dar razones más que suficientes para que nosotros también superemos nuestros propios miedos y seamos capaces de hacernos a nosotros mismos el favor de intentar crear una relación que puede suponer una aportación positiva a nuestra vida.

20. CONSECUENCIAS NEGATIVAS DE ALGUNAS RELACIONES PERSONALES

«Si cerráis la puerta a todos los errores también la
verdad se quedará afuera».
Rabindranath Tagore

Se paga un peaje por las relaciones personales que nos salen mal. El precio es que nos acabamos «quemando» por situaciones que nos causaron problemas o sufrimiento. Como consecuencia, nos vamos agotando emocionalmente, perdiendo recursos personales y capacidad para relacionarnos con los demás. Esto hace que se puedan producir en nosotros unas consecuencias que nos harán más mal que bien a la hora de establecer nuevas relaciones personales, relaciones que al fin y al cabo necesitamos.

El peligro que tienen estas consecuencias negativas es que nos dejemos contagiar por su negatividad, y caigamos en estados emocionales e intelectuales negativos, al no saber asimilar correctamente las experiencias negativas o los fracasos personales que todos vamos teniendo durante nuestra vida.

Solo nosotros, por medio de la comprensión de la personalidad humana y de cómo son de verdad las relaciones personales, podemos evitar que estas consecuencias negativas generen en nosotros estados de ánimo que solo nos dificultarán o imposibilitarán establecer las relaciones que deseamos.

La afectividad negativa

> «En el ser humano hay más cosas dignas de
> admiración que de desprecio».
> Albert Camus

La afectividad negativa es una predisposición general para sentir estados de ánimo negativos, como pueden ser desprecio, temor, enfado o irritabilidad. Consiste en que, a nivel emocional, nos predisponemos a reaccionar negativamente ante nuevas situaciones, por miedo a sufrir como en relaciones anteriores.

La afectividad negativa se da con mucha frecuencia en las personas «quemadas» por relaciones anteriores, y es una actitud claramente imposibilitadora para establecer nuevas relaciones, e incluso para sentirse bien con uno mismo. A las personas dominadas por la afectividad negativa todo les parece mal, por lo que es normal que pierdan también la capacidad de disfrutar de muchos otros aspectos positivos que la vida les ofrece.

La susceptibilidad extrema

> «Hay defectos que manifiestan un alma bella mejor
> que ciertas virtudes».
> Cardenal de Retz

Otra consecuencia de las relaciones personales negativas pasadas es la susceptibilidad extrema.

Las personas que han tenido experiencias negativas suelen desarrollar un estado emocional e intelectual de alerta constante, que hace que vean indicios y señales de peligro en donde realmente no los hay.

Ante esas imaginadas señales de peligro, reaccionan desproporcionadamente, adoptando una actitud defensiva (y a veces incluso hostil) ante situaciones normales, como que alguien cometa una pequeña falta, o diga o haga algo que no les guste. Por culpa de la susceptibilidad extrema, muchas personas se encierran en su lógica interna y rechazan la posibilidad de nuevas relaciones, que podrían ser, precisamente, la solución para encontrar apoyo y recuperar el equilibrio emocional que les permitiera dejar atrás esa excesiva susceptibilidad.

El entumecimiento afectivo

> «Hay quien tiene el deseo de amar, pero no la capacidad de amar».
> Giovanni Papini

La capacidad de relacionarse con los demás, como casi cualquier cosa en la vida, se entumece si no se usa.

Si por causa de relaciones negativas, pasadas o presentes, nos acostumbramos a evitar a los demás y nos aislamos del contacto con otras personas, poco a poco se irá produciendo un debilitamiento de nuestra capacidad de relacionarnos, y progresivamente nuestra lógica interna se irá amoldando a la soledad y al aislamiento.

Perderemos la costumbre de relacionarnos, de alegrarnos por tener gente cerca y de sentirnos cómodos entre nuestros semejantes. Tenderemos a ver en las otras personas solo lo que no nos gusta, y nuestros recursos personales para relacionarnos con los demás (ingenio, gusto por las conversaciones, escuchar, ser amable) se irán debilitando.

Cuanto más se entumezcan nuestras capacidades de relación, más nos costará volver a empezar a relacionarnos, aun en las situaciones sociales más sencillas, como mantener una conversación superficial con una persona desconocida.

Si dejamos que el entumecimiento se apodere de nosotros, estaremos cada vez más solos y más lejos de poder satisfacer nuestras necesidades afectivas.

La apatía

> «Vida sin fiestas es como largo camino sin posadas».
> Demócrito de Abdera

En ocasiones, las malas experiencias vividas en relaciones pasadas pueden ocasionar que una persona caiga en un estado de apatía, por el que se convence de que todo le da igual y no hace esfuerzos por buscar o establecer nuevas relaciones. Se automargina de los demás y se encierra en sí misma.

Establecer relaciones personales y con quien las establezcamos es una decisión personal, y por lo tanto una persona puede, en ejercicio de su criterio, decidir no tenerlas o que las que establezca sean solo a un nivel muy superficial. Sin embargo, no debemos perder de vista que relacionarse, y conseguir gracias a las relaciones crear lazos con los demás, es una necesidad básica del ser humano. No satisfacerla no hace que nuestros impulsos desaparezcan, sino más bien al contrario, provoca que se hagan más fuertes y nos causen mayor sufrimiento, por mucho que nos empeñemos en negarlos.

21. PERSONAS FACILITADORAS DE LAS RELACIONES PERSONALES

«Las personas más bellas con las que me he encontrado son aquellas que han conocido la derrota, el sufrimiento, la lucha, la pérdida... y han encontrado su forma de salir de las profundidades. Estas personas tienen una apreciación, una sensibilidad y una comprensión de la vida que las llena de compasión, humildad y una profunda inquietud amorosa. La gente bella no surge de la nada».
Elisabeth Kubler-Ross

Neil deGrasse Tyson es astrofísico y director del Hayden Planetarium del Museo Americano de Historia Natural, situado en la ciudad de New York. Es mundialmente conocido por su faceta de comunicador y divulgador científico. Es una persona dotada de un gran carisma, una gran tolerancia y respeto por los demás, y un gran sentido del humor.

Hace unos años, en una entrevista de televisión, contaba la gran influencia que sobre él había ejercido, cuando era tan solo un adolescente, un científico y comunicador de fama y renombre mundial: Carl Sagan.

Desde que era tan solo un niño, Neil sabía que quería dedicarse a estudiar el universo, por lo que cuando contaba diecisiete años y llegó el momento de empezar sus estudios universitarios, solicitó su ingreso en diferentes universidades estadounidenses.

La universidad de Cornell, en donde trabajaba Carl Sagan, envío la carta de solicitud de Neil al conocido científico. La carta estaba llena de razones por las que el joven Neil quería estudiar el universo. Y aunque la universidad solo pretendía que el gran comunicador hiciera algún comentario o anotación sobre la carta, Carl Sagan escribió personalmente al por entonces desconocido Neil invitándole a visitar la universidad y servirle de guía.

Emocionado, el adolescente aceptó la invitación sin dudarlo, y en pocas semanas, en un día nevado, viajó a Cornell para visitar la universidad y conocer al famoso científico. Carl Sagan le enseñó la universidad, su oficina, su laboratorio… incluso le regaló, firmado, uno de sus libros.

Al acabar la jornada, lo llevó hasta la estación de autobuses para que cogiera el autobús de vuelta a casa. Nevaba fuertemente, así que Carl Sagan le dio a Neil su número de teléfono particular para que lo llamara en caso de que tuviera cualquier inconveniente. Le dijo que si por algún motivo el autobús no podía salir, se lo hiciera saber y le invitaría a pasar la noche en su casa, con su familia.

Durante la entrevista en que Neil deGrasse Tyson contaba esta experiencia, decía que en aquel momento pensó: «*¿quién soy yo para merecer esto? ¡Si soy solo un muchacho de instituto!*».

El ahora ya mundialmente conocido comunicador, dijo que desde entonces, con cada persona que se dirige a él haciéndole ver su interés por cursar estudios en su campo, siente que tiene el deber responderle de la misma manera que, cuando era solo un adolescente, Carl Sagan le respondió a él.

Hay personas con las que es más fácil relacionarse que con otras. Son personas dotadas de una gran sensibilidad interpersonal o que han pasado por experiencias que les han dotado de un grado de madurez que les permite apreciar lo valioso de las relaciones personales. Su nivel de comprensión les hace ser *facilitadores* de las relaciones personales: no ponen barreras innecesarias, apartan los obstáculos, tienden una mano siempre que pueden, no se dejan llevar por reacciones emocionales, son tolerantes con la diferencia y las pequeñas faltas… Son el modelo al que las demás personas, si nos lo proponemos, podemos llegar en nuestra autocomprensión y en el manejo de las relaciones con los demás.

Su comportamiento y su actitud son un ejemplo constante de lo que los demás podemos llegar a ser si nos empeñamos y esforzamos en sacar lo mejor de nosotros mismos, de que podemos, en nuestras relaciones, dejar atrás instintos primitivos, creencias irracionales y emociones negativas.

Ejemplos como este se dan cada día a nuestro alrededor. No debemos permitir que nuestra percepción sesgada de la realidad, por considerarnos la vara con la que medimos el mundo, nos impida darnos cuenta de que cada día muchas personas facilitan, ceden, luchan y se sacrifican para que otras personas reciban ayuda, al nivel que sea.

Tal como le ocurrió al protagonista de la historia con la que empieza este capítulo, debería ser casi un deber para todos nosotros reconocer el mérito de las personas facilitadoras de las relaciones personales tratando de imitarlas, aun en las relaciones más superficiales e intranscendentes. Porque nunca podemos saber el efecto positivo que las palabras o los comportamientos adecuados pueden tener en la vida y el futuro de una persona, y a través de ella, en muchas otras.

22. EL LENGUAJE SOBRE LAS RELACIONES PERSONALES

> «Los límites de mi lenguaje son los límites de mi mundo».
> Ludwig Wittgenstein

El lenguaje, la forma de hablar de las personas sobre un tema, es un reflejo de la cultura y el conocimiento que tienen respecto a ese tema. Es evidente que hoy en día no hablamos de la mayoría de las cosas de la misma manera de la que se hablaba hace siglos o incluso unas cuantas décadas, ya que el nivel de educación de nuestras sociedades se ha elevado considerablemente, y por lo tanto, su lenguaje se ha hecho más rico y refleja más conocimiento de diferentes temas.

Es también obvio que en cuestiones en las que ha habido importantes progresos, el lenguaje que utilizamos es nuevo respecto a antes de que se dieran esos progresos. En el terreno tecnológico, por ejemplo, nadie se siente mal o piensa que otra persona esté siendo presuntuosa por hablar de correos electrónicos, formatos de archivos, perfiles de redes sociales, teléfonos móviles o mensajería instantánea. Pasará lo mismo si alguien mantiene una conversación sobre cine con nosotros: aceptaremos con naturalidad que hable sobre los efectos especiales, el argumento, la actuación de los actores y la carrera profesional del director. Cada vez más, las personas entienden más de muchos temas, con lo que el nivel de su lenguaje al hablar de ellos ha subido y es más apropiado.

Lo mismo debe ocurrir si pretendemos entender mejor y prestar mayor atención a las relaciones personales. Debemos empezar a acostumbrarnos a pensar y hablar de otra forma sobre nuestras relaciones. Tenemos que empezar a utilizar un lenguaje que refleje nuestra nueva comprensión. El lenguaje que utilicemos nos permitirá elevar y transmitir nuestros estándares para las relaciones personales. Esto se debe hacer con naturalidad y con el propósito no de marcar diferencias sino de establecer una buena comunicación.

En las relaciones, las personas se comunican constantemente y dan continuamente información sobre sí mismas, pero debemos empezar a acostumbrarnos a ser capaces de hablar también sobre las propias relaciones, para así dar y recibir información sobre el nivel de satisfacción que tienen las personas. Esto nos permitirá ser conscientes del rumbo que va tomando la dinámica de nuestras relaciones y nos dará la oportunidad, en el caso de que el rumbo sea negativo, de corregirlo o minimizar sus consecuencias.

Señalaré ahora, a modo de ejemplo, algunas expresiones que pueden ayudar a mejorar la comunicación sobre las propias relaciones. Este tipo de expresiones está cada vez más extendido en sociedades que son sensibles a las necesidades de las personas, a sus diferentes personalidades y formas de ser. Cumplen el propósito de intentar establecer las bases de relaciones constructivas, definiéndolas en positivo y desde el respeto a los demás. Expresiones como las que vamos a tratar aquí las escuchará con frecuencia en personas de sociedades de un alto nivel cultural y social.

Tenga en cuenta que todas estas expresiones, aunque se pueden utilizar en otros contextos, se refieren, en este libro, siempre a las relaciones personales.

1.- Deberíamos movernos en una dirección positiva. Este tipo de expresión se utiliza cuando el rumbo de una relación toma un sentido negativo, debido a problemas o conflictos sobre los que las personas quedan resentidas y no llegan a ninguna solución. Lo que se pretende con una expresión como esta es que las personas emprendan acciones que les permitan salir de su estancamiento y dejen de perder tiempo en reproches o situaciones que no llevan a ningún sitio, logrando que se llegue a una conclusión, la que sea, que les permita seguir avanzando a través de las etapas de la relación.

No debemos permitirnos quedarnos estancados en una relación, porque aunque una persona se quede anclada en situaciones pasadas que le causan daño, la dinámica de la relación seguirá evolucionando, y sin la aportación de una de las dos partes, la evolución muy probablemente será hacia la extinción de la relación.

2.- No quiero crear malos sentimientos pero... Es una forma de avisar a la otra persona que queremos decir o hacer algo que creemos necesario pero que no tenemos la intención de hacerle daño. De esta manera, tratamos de desactivar la posibilidad de que se puedan generar actitudes imposibilitadoras de la relación, como malos entendidos, miedo, inseguridades o preocupaciones. Con este aviso, aportamos más comunicación a la relación, y eso siempre es positivo.

3.- Tenemos que superar esta resistencia. Es una forma de que las dos personas tomen conciencia de las barreras que hay en una relación. Barreras que suelen estar basadas en formas de pensar casi inconscientes y puntos de vista personales, y que si no se toma conciencia de ellas pueden actuar también como elementos imposibilitadores de la relación, impidiendo que se cree, que se desarrolle y que evolucione en la dirección que realmente se desea.

4.- Entiendo esta situación. Es importante transmitirle a una persona que entendemos su punto de vista, porque le hará ver que escuchamos lo que nos dice y que hacemos el esfuerzo de ponernos en su lugar. Esto hará que la otra persona sienta que su lógica interna es compartida y entendida, y ayudará a que la relación siga una dirección positiva.

5.- Seamos constructivos. Pidiendo que seamos constructivos en una relación, estamos pidiendo que las dos personas ayudemos a construirla, no a destruirla. De esta forma se pide que nos orientemos a la búsqueda de soluciones, no a la queja por los problemas que pueda haber. Normalmente, cuando las personas se centran en encontrar una solución, la acaban encontrando. Puede que no sea la que uno quisiera, pero siempre será mejor que ignorar los problemas y dejar que continúen afectando a las personas y a la dinámica de la relación.

6.- Mis/tus/sus competencias interpersonales son... Debemos acostumbrarnos a saber valorar y fijarnos en las competencias interpersonales de las personas. Las competencias interpersonales son las capacidades que tiene alguien para relacionarse con los demás. No se debe confundir saber relacionarse con ser extravertido. Este es un error muy común. Saber relacionarse es saber ser complementario a otras personas. Una persona introvertida puede tener grandes capacidades de relación, y una persona extravertida puede no ser la más adecuada para algunas relaciones que necesitan, además de vitalidad, otros elementos como reflexión, tolerancia o saber dejar espacio y tiempo a los demás. Debemos dejar atrás prejuicios y estereotipos sobre las personas y aprender a valorar las capacidades interpersonales que todos tenemos, para así potenciarlas y sacarles partido, en nuestro beneficio y en el de la propia relación.

23. LA SENSIBILIDAD INTERPERSONAL

«La ciencia moderna aún no ha producido un medicamento tranquilizador tan eficaz como lo son unas pocas palabras bondadosas».
Sigmund Freud

A lo largo del libro hemos desarrollado conceptos y argumentos con el objetivo de que los lectores adquieran los conocimientos y recursos necesarios para aumentar su sensibilidad interpersonal.

La sensibilidad interpersonal es la capacidad para captar los factores por los que una persona muestra su lógica interna, ser consciente de los dos niveles de la comunicación humana y ser capaz de percibir las dinámicas de las relaciones personales. Todos ellos, factores, niveles y dinámicas, son a menudo inapreciables para mucha gente que, aunque los intuyen, no saben concretarlos y darles nombre.

Desarrollando más nuestra sensibilidad interpersonal lograremos ser más hábiles a la hora de captar todas esas variables y utilizarlas para entender más a las personas y las relaciones, y mejorar así nuestra capacidad de interacción con los demás. Con una mayor sensibilidad interpersonal seremos más *empáticos* y más *simpáticos*.

Empatía y *simpatía* son dos conceptos de uso común en psicología. Es probable que algunos lectores hayan asociado el término simpatía con el significado común con el que se utiliza normalmente: ser alegre o caer bien a los demás. Como ocurría cuando hablábamos de los rasgos que componen la personalidad humana, en psicología simpatía tienen un significado mucho más amplio.

Simpatía es la capacidad para ser consciente del sufrimiento de otra persona, y sentir el impulso de hacer algo para aliviarlo. Tal vez por eso, comúnmente se asocia ser simpático con ser alegre o caer bien a los demás. ¿Qué es lo primero que hará alguien que quiera aliviar un sufrimiento que ve en otra persona? Tratar de transmitirle alegría, ser amable con ella. Ser simpático es saber desplegar una actitud constructiva con la intención de aportar positividad en las relaciones con los demás.

Empatía es la capacidad de sintonizar con las emociones, actitudes y puntos de vista de otras personas. Normalmente logramos ser más empáticos a medida que vamos teniendo más experiencias en la vida. Esto nos hace entender mejor cómo experiencias similares a las vividas por nosotros pueden influir en otros, y nos resulta más fácil ponernos en su lugar cuando nos las cuentan o vemos que están afectados por ellas.

Con lo leído hasta ahora considero que dispone de los conocimientos y recursos personales para potenciar su sensibilidad interpersonal. A partir de hoy le será más fácil entender a las personas y las relaciones personales.

Es consciente ya de que la distancia que, psicológicamente, le separa de otras personas no es muy grande, y mucho menos insalvable. Son solo diferentes puntos de vista los que nos impiden que entendamos a los demás. Y ahora sabe que puede hacer más para entender otros puntos de vista.

En nuestro día a día, de los demás nos separan, a menudo, solo matices si los comparamos con la cantidad de cosas que tenemos en común. Matices que con frecuencia convertimos en altos muros que nos hacen sufrir y provocan dolor, en nosotros y en los demás, y que nos hacen creer que la distancia con otras personas es mucho mayor de lo que realmente es.

Muchas de las cosas que pasan en una relación normal no son en sí mismas graves, sino que son solo expresiones de la personalidad de cada uno, aunque a veces se conviertan en errores. Es la racionalización que después hacemos de ellas lo que puede provocar que las transformemos en actitudes y sentimientos negativos que hagan que se pierda la comunicación y las personas se distancien e incluso se muestren hostiles.

Si usted, con esta nueva perspectiva sobre las personas y las relaciones, logra acortar esa distancia, y verla en su verdadera dimensión, estará también a mucha menos distancia de entender a las personas de la que estaba antes de empezar a leer este libro.

24. CAJÓN DE SASTRE: ALGUNAS SITUACIONES EN LAS RELACIONES PERSONALES

> «¡Cuántos debe haber en el mundo que huyen de otros porque no se ven a sí mismos!»
> La vida de Lazarillo de Tormes y de sus fortunas y adversidades
> Anónimo

En este último capítulo trataremos algunas situaciones que se pueden dar en las relaciones personales. La razón del título del capítulo es que a lo largo del libro, debido a lo amplio del tema de las relaciones personales, no siempre he podido encontrar un hilo conductor que me permitiera hablar de las situaciones que vamos a ver a continuación. Por eso he decidido utilizar este último apartado como una especie de «cajón de sastre» en el que poder desarrollar brevemente algunos temas que, si bien tienen relación con el libro, no encontré el apartado oportuno en donde encajarlos.

Comentaré y analizaré brevemente situaciones derivadas de las relaciones personales por las que posiblemente todos hemos pasado o pasaremos, para arrojar un poco de luz sobre ellas y proporcionar a los lectores más elementos de análisis que les permitan comprenderlas mejor.

El poder de la televisión en las relaciones personales

«Cuando la televisión es buena, nada es mejor.
Cuando es mala, nada es peor».
Newton Norman Minow

Cuesta mucho darse cuenta de cómo son verdaderamente las relaciones entre las personas. Vivimos en una sociedad muy mediática, en la que la televisión constituye uno de los más potentes educadores que ha habido jamás en toda la historia de la humanidad.

Psicológicamente, la imagen tiene un poder arrollador sobre las personas. Los seres humanos aprendemos fundamentalmente por observación de los demás. Esta es una forma de aprendizaje que está implantada en nuestros genes y que se conoce como *aprendizaje vicario*. En nuestra sociedad actual, moderna e intercomunicada, la imagen nos «enseña» cómo deben ser las relaciones personales. Mediante ella nos formamos expectativas de cómo se supone que es la gente y cómo se supone que debemos querer ser nosotros mismos.

Por este motivo, muchas personas piensan que las relaciones humanas son tal y como las ven en la televisión, sea en reality shows, publicidad, series o películas. Esto lo creen no a un nivel consciente, sino que se va incorporando, en un nivel inconsciente y emocional, a lo que esperan de la realidad. *«Fue como en una película»* es una expresión ya muy común cuando alguien quiere explicar un acontecimiento extraordinario que ha vivido.

Aunque casi nadie estará de acuerdo en que cree que las personas se comportarán como en las películas, lo cierto es que, sin saberlo, a nivel emocional es lo que esperan. Lo han aprendido por observación, por aprendizaje vicario. De la misma forma que aunque usted no sea plenamente consciente de ello, espera que cada día sea, más o menos, como los que ha vivido hasta ahora, porque lo ha ido incorporando a su forma de ver el mundo y por lo tanto a lo que espera de él.

Aprendemos, aun sin querer, por medio de la observación, por lo que tendemos a repetir lo que vemos, y a esperar que las situaciones se repitan tal y como las hemos observado. A nivel inconsciente, esperamos que las relaciones con los demás sigan el orden emocional y el sentido que siguen en películas, series de televisión y novelas. Tal es así, que muchas personas se refugian en la ficción como forma de huida ante las decepciones y desilusiones de las relaciones reales (¡quién no se puso una canción cuando estaba triste por una relación que se acabó, o quién no se emocionó con el final de una película porque es lo que nos gustaría que nos hubiera ocurrido a nosotros!).

El cine o la televisión ayudan, y mucho, a las personas. Acercan a unas el talento de otras, posibilitan a las personas expresarse y que otras lo vean, transmiten cultura, dan esperanza, permiten encontrar cierto apoyo psicológico y nos mantienen informados y comunicados. Pero lo cierto es que ningún personaje de ficción, por bien construido que esté, puede abarcar el amplio número de matices y registros de los que son capaces las personas reales. Debemos tomar los modelos que nos ofrece la televisión como expresiones simplificadas de la realidad, y no exigir que la realidad sea un reflejo de esas expresiones.

En la vida real, las personas se sienten a menudo confusas por las relaciones personales, se quedan desoladas por el dolor de las ausencias de seres queridos o por las rupturas sentimentales y sufren por la incomprensión de los demás, por la falta de relaciones o por no poder entender mejor lo que pasa en una relación. El dolor y la soledad que puede llegar a sentir una persona por la pérdida de una determinada relación puede ser tan grande que tarde años en recuperarse, y algunas personas quedan irremediablemente marcadas de por vida por relaciones perjudiciales y dañinas. La televisión, el cine o los libros no pueden reflejar con exactitud esas situaciones, solo tratar de acercárnoslas. Las relaciones mostradas en cualquiera de estos medios nos pueden generar emociones, pero rara vez nos generarán sentimientos, que es lo que nos despiertan las relaciones reales. Nada, excepto la vida misma, puede hacernos comprender, intelectual y emocionalmente, cómo son en realidad las relaciones humanas.

El fin de una relación sentimental

> «¿Qué haremos con el que nos quiere mal, si
> condenamos al que nos ama?»
> La Divina Comedia
> Dante Alighieri

Se da con frecuencia que cuando una persona decide poner el punto y final a una relación personal, la otra persona, dolida, no lo entienda y la culpe. Esto da lugar a fuertes tensiones, conflictos y a dolorosas rupturas que terminan en distanciamiento. Dos personas que estuvieron profundamente unidas pueden acabar siendo unas desconocidas una para la otra, o incluso casi enemigas.

Lo cierto, como todo el mundo sabe pero muchos no aceptan, es que el amor puede tener un final. En ocasiones, aun en el caso de una persona a la que respetamos o admiramos y a la que hemos amado, podemos dejar de tener sentimientos positivos continuados hacia ella. A veces se llega a un bloqueo sentimental, y un día, sencillamente, no se ve a la otra persona como se la venía viendo hasta entonces. Se llega a una especie de *punto final emocional,* sin necesidad de que la otra persona haya hecho nada suficientemente importante como para provocarlo. Es por la dinámica que ha seguido la relación. Pequeñas cosas, pequeñas tensiones que la han ido impulsando poco a poco en una dirección negativa, hasta que una de las dos personas deja de percibir la relación como positiva y llega a un estado de agotamiento emocional.

En ese punto, la relación se ha consumido y se termina. Simplemente, los sentimientos de una persona hacia otra han cambiado.

En momentos así, nada hay que la otra persona pueda hacer. Debe dejar espacio y tiempo a quien no quiere estar con ella, para que el proceso de autorregulación de la relación provoque en la persona que se va el impulso de querer volver a los momentos en que la relación estaba bien definida. El paso del tiempo, los pensamientos que el impulso de autorregulación de la relación genere y las experiencias vitales que empiece a vivir desde entonces, serán quienes le hagan ver cuál es el verdadero valor que la relación tenía para ella y le hagan valorarla en su justa medida y, tal vez, querer retomarla o dejarla definitivamente.

El hábito embrutecedor del ambiente

> «Con las personas que no puedes amar, muéstrate
> siempre amablemente evasivo».
> Eugene O'Neill

En cierta ocasión, una persona que me hablaba de cómo percibía a los demás, me decía que tenía un círculo de amigos, muy pocos, con los que podía relacionarse con normalidad, con cierta confianza y expresarse como era, pero que el resto de la gente para ella era *«como animales»*.

No tengo duda de que esta es una idea que en más de una ocasión se les ha pasado a muchas personas por la cabeza (si no es que sigue ahí todavía). Es frecuente escuchar que *«la sociedad es una jungla»*. Por eso, la persona media, el ciudadano de a pie, en demasiadas ocasiones se ve abrumada por la baja calidad de las relaciones que se encuentra en su experiencia diaria. Abrumada y decepcionada, posiblemente.

Esto ocurre porque al relacionarnos de forma superficial con las personas, es decir, al interactuar con la mayoría de ellas solo en momentos puntuales, en situaciones superficiales, vemos tan solo una parte de la personalidad de cada individuo. En un atasco de tráfico solo veremos la parte enfadada de la gente, en el trabajo veremos a personas sometidas a estrés, por la noche veremos a personas queriendo buscar una salida al estrés y las preocupaciones diarias…. Además todas ellas son situaciones en las que estamos en contacto con las emociones de las personas, y esto, a su vez, produce en nosotros reacciones emocionales. Como consecuencia, muchas personas pueden llegar a pensar que la gente es muy básica y primitiva. Se toma un comportamiento puntual como una muestra de toda la personalidad de un individuo. Se generaliza.

Esto tiene el efecto negativo de que se acabe pensando que todo el mundo es igual, por lo que muchas personas terminan por reaccionar al trato con los demás con cinismo, actitudes distantes o incluso hostiles.

Sin embargo, todos, sin excepción tenemos partes positivas. Es cierto que no todos, a nivel de personalidad, nos complementamos con todos, pero haciendo un esfuerzo de comprensión, y sabiendo escoger las relaciones que más nos convienen, evitaremos que sentimientos negativos y el hábito embrutecedor del ambiente se apoderen de nosotros al estar en contacto con lo que el filósofo alemán Martin Heidegger llamaba *«el bullicio de las relaciones humanas»*.

La soledad

> «La soledad es la suerte de todos los espíritus excelentes».
> Arthur Schopenhauer

Si hablamos de relaciones personales, es obligado también hablar de la ausencia de relaciones personales: la soledad. La soledad puede ser buscada o forzada. Si es buscada, es positiva, porque es un síntoma de que una persona está tratando de darse a sí misma el espacio y tiempo que cree que necesita para encontrar una solución a algo que le preocupa.

Sin embargo, cuando la soledad es forzada, es cuando se puede convertir en un problema. Muchas veces, las circunstancias de la vida y los fracasos de las relaciones personales nos van arrinconando y empujando a la soledad. Sin darnos cuenta, nos podemos llegar a encontrar, en un momento determinado, separados del mundo y alejados de los demás, sin saber muy bien cómo hemos llegado a ese lugar. Desde tan lejos, cuesta volver a engancharse a la marea humana, cuesta volver a empezar y tejer con paciencia nuevas circunstancias y nuevas relaciones en las que apoyarnos.

Por mucho que cueste, no hay otro camino. No importa las razones que nos demos o las formas por las que intentemos autoconvencernos de que *«mejor solos»*. Emocionalmente necesitamos a los demás.

Ser conscientes de esta necesidad no debe asustarnos, y no debemos perder la calma si, súbitamente, nos encontramos solos en la vida. Son circunstancias por las que todos pasamos y no indican necesariamente que nos hayamos equivocado al escoger nuestros caminos. Es solamente que el torbellino provocado por la dinámica de las relaciones personales que teníamos nos ha acabado expulsando hasta ese lugar. Debemos tomar la soledad como una nueva forma de empezar, como un volver a la casilla de salida para comenzar, otra vez, nuestro juego.

Y la razón de que debamos hacerlo así es que nadie más lo hará por nosotros. Lo normal es que nadie venga a rescatarnos de la soledad. Debemos empezar de nuevo, dándonos tiempo para recuperarnos, tener paciencia y determinación, y cuando estemos listos, asumir otra vez los riesgos y de nuevo saltar con confianza en el azaroso torbellino de las relaciones humanas, para ver si esta vez, poniendo más de nuestra parte y corrigiendo los errores cometidos, la dinámica de las relaciones personales nos sonríe y nos lleva a un lugar que no conozcamos todavía. Al fin y al cabo, hay todo un mundo lleno de gente esperándonos.

Lo peor de las personas

> «Lo que nos hace sufrir nunca es una tontería porque
> nos hace sufrir».
> Amado Nervo

En un libro que pretenda abarcar las relaciones entre personas, no podemos al menos dejar de mencionar lo peor de lo que son capaces las personas en su relaciones: maldad, abusos, delitos, crímenes…. Pero no es objeto de este libro tratar esos temas, ni sus causas ni sus consecuencias. He preferido centrarme en las situaciones que con mayor probabilidad considero que se pueden encontrar los lectores en su vida diaria.

Aunque comparadas con lo peor que pueden dar de sí las relaciones entre personas, algunas de las cuestiones y situaciones aquí desarrolladas pueden parecer triviales, sin embargo no lo son.

Y no lo son porque todas ellas causan sufrimiento a las personas, en la mayoría de las ocasiones innecesariamente.

El sufrimiento, sea de la intensidad que sea, nunca debe ser considerado como trivial o sin importancia. El sufrimiento solo debe ser considerado de una manera, admitir un punto de vista y sugerir un tipo de acción: el esfuerzo por aliviarlo.

No debemos tomarnos tan en serio

> «Hemos de saber anticiparnos a encontrar lo cómico que haya en nosotros. Así podremos evitar que otros se burlen de nuestra escasa perfección».
> Noel Clarasó

No tomarnos tan en serio no se trata de que nos riamos de nosotros mismos todo el tiempo o de que veamos todo desde un punto de vista cómico. Se trata de que, en las relaciones personales, debemos dejar de considerarnos la vara de medir por la que juzgamos si algo está bien o mal.

Gracias a este ejercicio de reflexión, podremos entender mejor que si alguien no quiere relacionarse con nosotros a lo mejor, sencillamente, tiene razón. Esto no debe hacernos pensar que en nosotros hay algo malo o equivocado, sino que se trata solo de que según la valoración subjetiva de la otra persona, una relación con nosotros no le resultaría complementaria, no considera que le aportaría lo que en ese momento necesita, se está equivocando (todos cometemos errores) o no está preparada para una relación, sea con quien sea y sea del tipo que sea, debido a sus circunstancias personales.

De la misma manera que, continuamente, nosotros hacemos esos mismos juicios con otras personas, es justo que otras personas los hagan con nosotros. Nadie es tan especial como para que todo el mundo quiera relacionarse con él o ella en todo momento. Debemos saber ganar perspectiva sobre nosotros mismos y superar, en la medida de lo posible, las limitaciones que nos imponen los filtros personales con los que percibimos la realidad.

La personalidad errática

«No tarda nueve meses sino sesenta años en
formarse una persona».
André Malraux

La personalidad del ser humano está en constante evolución. Es normal que a veces nos encontremos con personas, o que incluso nos ocurra a nosotros mismos, que se ven en situaciones (en este caso de relación con otras personas) para las que no están preparadas. Les falta todavía la experiencia y el tiempo de evolución y maduración interior que supone saber manejarse en esa situación.

A cierto nivel, sea individual o social, todos asimilamos que a determinada época de desarrollo físico le corresponde un determinado grado de desarrollo psicológico. Nadie espera, por lo general, que una persona de treinta años se comporte como un adolescente. Sin embargo, esto no es así en todos los planos en los que se puede desarrollar una persona.

Lo normal es que una persona de treinta años no se comporte en la mayoría de los casos como un adolescente. Pero hay facetas, por ejemplo el control emocional o el autoconocimiento, en las que una persona, sea cual sea su edad, puede no haber evolucionado igual que las demás, tal vez debido a la falta de experiencias adecuadas o por culpa de experiencias negativas. Por eso, podemos encontrarnos con personas que actúen en las relaciones personales de una forma que nos parece muy inmadura y muy alejada de la nuestra. Hay diferencias de maduración personal entre la gente, que influyen en su forma de relacionarse con los demás. No debemos perder de vista esto, ya que nos ayudará a comprender mucho mejor las actitudes de otras personas en las relaciones con los demás.

V. CONCLUSIÓN

«Bien están los buenos pensamientos, pero resultan
tan livianos como burbuja de jabón, si no los sigue el
esfuerzo para concretarlos en acción».
Gaspar Melchor de Jovellanos

Los seres humanos no son perfectos y el curso de su vida no es perfecto. Tampoco lo son las relaciones que van estableciendo a lo largo de su vida.

La falta de comprensión acerca de cómo somos las personas, de cómo son las relaciones personales y de cómo la lógica interna provoca que exijamos que la realidad se amolde a nuestros deseos y necesidades hace que las relaciones personales sean muy difíciles de entender si las juzgamos solo según nuestro criterio individual.

La dificultad para entender las relaciones personales nos puede hacer sentir muchas veces que estamos en una especie de jungla, en la que todo vale y en la que todo puede pasar. Las situaciones más favorables o cotidianas se pueden acabar convirtiendo en motivo de sufrimiento para muchas personas, y más cuanto más sensibles sean. Ante situaciones así, no es difícil caer en el aislamiento, la autocompasión, la soledad, el cinismo o la apatía. Sin embargo, nunca debemos perder la esperanza de encontrar personas con las que las relaciones surjan y se desarrollen de una forma fluida, sin esfuerzo. Hay personas complementarias a nosotros en todos los ámbitos de la vida. Hay lugar, aun en esa jungla humana que muchos perciben cada día, para sentimientos positivos, actitudes constructivas e intenciones generosas, de la misma forma que hay lugar también para todo lo contrario. Como tantas otras cosas, la dificultad de encontrar ese tipo de relaciones es precisamente lo que les da valor. Aumentar la comprensión sobre nosotros y los demás nos hará complementarios para un mayor número de personas y más eficaces en nuestras relaciones.

Debemos tener en cuenta de que todos somos humanos, que a menudo vamos improvisando para ir adaptándonos al curso que toma nuestra vida y al mundo que nos rodea, porque nuestros planes son superados constantemente por la realidad. Por eso, no debemos ser excesivamente duros en los juicios que hagamos de los demás, aun en los casos de relaciones complicadas o imposibles. En esos casos, lo mejor es, simplemente, hacerse a un lado y dejarlas pasar. Todos peleamos para tener un sitio en un mundo difícil y que demasiado a menudo no entendemos, y al final del día todos queremos, como dice una canción, *«volver a nuestro hogar cada noche»*.

A pesar de la justificación que puedan tener formas de relacionarse que objetivamente son poco eficaces, hay unos estándares para las relaciones personales que son fácilmente alcanzables si flexibilizamos un poco nuestra lógica interna. Es hora ya de que todos empecemos a hacer un esfuerzo consciente por conseguir entablar relaciones constructivas y que aporten positividad, a nosotros y a otras personas. Debemos ser más empáticos y simpáticos con los demás. Debemos buscar siempre, en las relaciones personales, la forma de definirlas de la mejor manera posible para todas las partes implicadas. Y debemos también empezar a hacer esfuerzos para redefinir o abandonar las relaciones negativas.

Todos sentimos el impulso de satisfacer nuestras necesidades afectivas. Pero en esa búsqueda, debido a que no nos conocemos lo suficiente y a que no comprendemos la forma en la que se crean y desarrollan las relaciones personales, demasiadas veces permitimos que se nos contagien actitudes y formas de pensar negativas que se traducen en comportamientos que nos alejan de la posibilidad de satisfacer esas necesidades y de continuar desarrollando nuestra personalidad.

Actualmente, resulta ya ingenuo pensar que las personas, en una sociedad que avanza tecnológicamente a un nivel vertiginoso, podemos seguir utilizando modelos y patrones de comportamiento que han quedado obsoletos. Debemos modernizar también nuestra comprensión del ser humano para encontrar nuestro propio sitio, individual y colectivamente, en el nuevo mundo que estamos creando cada día, para que nuestro desarrollo personal vaya a la par que el tecnológico. Como dije en las primeras páginas del libro, cada uno de nosotros debe pasar ya, sin más demora, al siguiente nivel en su autocomprensión y en la de los demás. Si no lo hacemos así, correremos el enorme peligro de no entendernos a nosotros ni a las demás personas estando inmersos en una sociedad fuertemente tecnológica, con el peligro que eso supone. Hoy más que nunca, las ciencias humanas son necesarias para dar respuesta a necesidades que tienen todas las personas y que la tecnología no puede satisfacer.

La tecnología nos proporciona cada vez mayor calidad de vida y posibilita que tengamos una existencia más cómoda. Es hora de que nosotros, en nuestras relaciones, empecemos también a ayudar a que la calidad de vida se extienda. No debemos olvidar, parafraseando a Carl Sagan, que *«en esta vasta e infinita oscuridad que envuelve a nuestro mundo, no hay ningún indicio de que la ayuda, cuando la necesitemos, pueda venir de ningún otro lugar para salvarnos de nosotros mismos»*.

Por eso, el primer cambio necesario para elevar los estándares de las relaciones personales debe empezar aquí y ahora. En esta misma página. Con usted. Contigo.

VI. NOTAS

«Escribo: eso es todo. Escribo conforme voy
viviendo. Escribo como parte de mi economía natural.
Después, las cuartillas se clasifican en libros,
imponiéndoles un orden objetivo, impersonal, artístico,
o sea artificial. Pero el trabajo mana de mí en un flujo no
diferenciado y continuo».
Alfonso Reyes

Al escribir este libro no puedo calibrar en qué medida todas las reglas son aplicables a la vida de cada uno de los lectores. Eso dependerá del tipo de relaciones que tengan y del lugar en donde vivan. A pesar de que las descripciones sobre personalidad, emociones y mente humana son universales, hay sociedades más empáticas que otras y el peso de la cultura social influye en las relaciones entre las personas. La medida en la que los conocimientos transmitidos a través del libro son aplicables a las circunstancias vitales del lector, la debe dar, por supuesto, el propio lector.

A lo largo del libro he tratado de referirme siempre a situaciones de relación cotidianas que todos podemos, con elevada probabilidad, experimentar en nuestra vida. No he tenido nunca la intención de referirme a situaciones excepcionales que se dan y que causan grandes dosis de dolor y sufrimiento en las personas. Situaciones de este tipo tienen también su explicación, aunque no siempre justificación, ya que pueden tratarse de situaciones en las que se sobrepasen límites personales y sociales que no se deben traspasar en ningún caso. No he querido referirme a ninguna de esas situaciones ya que hacerlo exigiría profundizar con mayor rigor en causas psicológicas y sociales. El objetivo ha sido siempre hablar de situaciones de relación cotidianas que los lectores y yo mismo, con elevada probabilidad, podamos haber vivido o vayamos a vivir.

Las nociones que hemos visto sobre la personalidad y las relaciones humanas cumplen, desde mi punto de vista, el propósito marcado al principio del libro de dar unas nociones básicas de psicología humana al lector, para mejorar su autocomprensión y el entendimiento de sus relaciones. Sin embargo, la psicología humana es más compleja y un psicólogo debe tener en cuenta muchas otras variables, más sutiles, difíciles de percibir y menos generales, y además debe averiguar cómo se interrelacionan unas con otras, y cuál es el grado de influencia en cada uno de los problemas que puede presentar una persona.

Puede que en este libro compruebe que hablo de temas que ya he tratado en algún otro libro. Eso se debe a que el ser humano, psicológicamente, tiene una serie de pilares básicos de los que es inevitable e imprescindible hablar cuando se tratan los problemas que pueden tener las personas en su vida diaria.

VII. BORRADORES

«Cuando lo hayas encontrado, anótalo».
Charles Dickens

A lo largo del libro hemos hablado varias veces de la importancia de la comunicación como elemento clave para las relaciones personales. Cuanta más comunicación, y más sincera sea, más información transmitirá sobre cómo somos a la otra persona, por lo que más probabilidades habrá de que, si somos aceptados, la relación se defina de forma positiva.

Usted y yo, por medio de la lectura de este libro, hemos creado y definido también una relación, algo que es más que cada uno de nosotros por separado. Siendo consciente de los diferentes niveles que tiene la comunicación en una relación, y de la aun mayor dificultad que tiene percibir estos niveles en una relación como la nuestra, paso ahora a compartir con usted algunas de las notas que han dado lugar a ideas desarrolladas en el libro o que finalmente he decidido descartar y que han terminado por quedarse en el tintero (o mejor dicho, en el disco duro).

De esta forma espero hacer más honesta la comunicación entre quien escribe y quien lee, y que el lector pueda conocer un poco mejor los *cómo es*, *cómo piensa* y *cómo siente* de este autor, a través de la lectura de algunas de las ideas, escritas en su forma más básica cuando se me ocurrieron, que han dado lugar a algunos de los argumentos desarrollados en el libro.

Espero también que, a quien le interesen, le puedan servir para hacerse una idea de cómo es el proceso creativo a la hora de escribir, y que en algunos estimulen la curiosidad y les hagan ver el trabajo y esfuerzo que siempre hay detrás de cada cosa que cualquier persona hace.

Hablar de lo del clima de Einstein.

No debemos tener relaciones a cualquier precio. Tan importante es tener una relación con una persona como qué tipo de relación tenemos con esa persona. Establecer relaciones con personas con una lógica interna dañina para nosotros solo nos causará sufrimiento y llevará a la relación por un camino tortuoso y de autodestrucción. En casos así, vale más prevenir que curar, y evitar o poner fin a este tipo de relaciones nos ahorrará tener que pagar una factura muy alta en coste personal, que nos desgastará y nos agotará psicológicamente, influyendo en nuestra forma de ver el mundo y a los demás.

Metáfora relación subirse a un coche.

Hablar del peso del pasado en la personalidad de una persona y por lo tanto en su forma de interactuar. Esto lo puedes poner en el capítulo La lógica interna. Explica que la lógica interna de una persona está determinada por su personalidad y también por su pasado. Eso determina la forma en que ve el mundo, sus expectativas. Aunque realmente el pasado serán las creencias irracionales, ¿no?

En nuestro día a día situaciones tan sencillas como expresar una opinión, mantener una conversación, ir a una entrevista de trabajo, ser atendido en un comercio, relaciones con compañeros de trabajo, recibir una llamada telefónica comercial o relaciones de amistad o sentimentales dan lugar a situaciones en las que constantemente predominan los malos entendidos, la incomprensión, los enfados, la falta de empatía... Y todo esto causa un sufrimiento innecesario a las personas. Debido a que no logran entender las relaciones personales, muchas personas se automarginan y se aíslan, centrándose en un círculo reducido de personas, y sustituyendo sus necesidades afectivas por sucedáneos como aficiones o entretenimientos, pero que no les aportan lo mismo que les aportarían unas relaciones positivas con otras personas.

«Noscete ipsum» (Conócete a ti mismo). Aforismo latino.

Son la base de todo. Están detrás de todos los comportamientos y motivaciones del ser humano.

¿Cómo entender a los demás? ¿Cómo entender lo suficiente a otras personas como para ser medianamente consciente de cuáles son sus motivaciones y por qué actúan como actúan? Empezando por entendernos mejor a nosotros mismos.

Pero dicen que los ignorantes llegan a donde los sabios no se atreven a ir. Por eso, aunque la tarea sea vasta, no es motivo para dejar de intentarla.

Aunque nos quedemos a medias, aunque no se traten algunos temas, sí se tratarán otros, y avanzaremos. Así es como se progresa. Por eso, la audacia ha podido más a la hora de ponerme a escribir que el miedo a verme abrumado por la complejidad de la tarea.

En las rupturas de relaciones muchas veces lo que hace daño es pensar en los matices, en las interpretaciones.

Las relaciones entre personas son la base de todo lo que nos rodea. Hoy en día, vivimos en un mundo donde la tecnología nos rodea, y parece ser la regla para todo. Sin embargo, olvidamos que detrás de la tecnología están los seres humanos, y entre ellos, entre quienes inventan, deciden, crean y son ejemplo a seguir, hay relaciones humanas. Y de esas relaciones dependen los resultados de su creatividad.

«No recuerdo haber tenido, en todo ese tiempo, ni un solo pensamiento que me elevara a Dios o que me hiciera mirar hacia dentro y reflexionar sobre mi conducta; solo una cierta estupidez espiritual, que no deseaba el bien ni tenía conciencia del mal, se había apoderado totalmente de mí y me había convertido en la criatura más dura, insensible y perversa entre todos los marinos, que no sentía temor de Dios en el peligro, ni le estaba agradecido en la salvación». La vida y las sorprendentemente extrañas aventuras de Robinson Crusoe. Daniel Defoe.

En las relaciones personales, mostrar abiertamente debilidad suele ser signo de fortaleza.

Las motivaciones son el por qué. Usa la frase de «si la gente nos oyera los pensamientos pocos…».

Las actitudes: el cómo; la conducta: el qué. Frase de «una persona se define por lo que hace no por lo que siente».

Un aspecto clave en las relaciones entre personas es la comunicación. La comunicación es el vehículo, el instrumento principal por el que las personas nos relacionamos. Por este motivo, es necesario dedicar un apartado para hablar de ella.

VIII. EPÍLOGO

«Est tempus quando nihil aliquid; nullum est tempus
in quo dicenda sunt omnia».
(Hay un tiempo para callarse y lo hay para decir algo;
pero nunca es buen momento para decirlo todo).
Aforismo latino

«Si bien es cierto que el propósito de la ciencia es descubrir reglas que permitan asociar y predecir hechos, no es este su único fin. Quiere reducir también las conexiones descubiertas al menor número posible de elementos conceptuales mutuamente independientes. En esta búsqueda de la unificación racional de lo múltiple se hallan sus mayores éxitos, aunque sea por cierto este intento el que crea el mayor riesgo de ser víctima de ilusiones. Mas quien haya pasado por la profunda experiencia de un avance positivo en este dominio se sentirá conmovido por un reverente respeto hacia la racionalidad que se manifiesta en la vida. A través de la comprensión logrará liberarse en gran medida de los engaños de las esperanzas y los deseos personales, y alcanzará así esa actitud mental humilde ante la grandeza de la razón encarnada en la existencia».

Mis Creencias
Albert Einstein

IX. BIBLIOGRAFÍA

«Ante ciertos libros, uno se pregunta: ¿quién los leerá? Y ante ciertas personas uno se pregunta: ¿qué leerán? Y al fin, libros y personas se encuentran».

André Gide

Anderson, Tom (productor) (2013). *The Innovator: Jack Dorsey.* [Documental]. New York: CBS News. 60 minutes.

Bloch, Henriette [et al.] (1996). *Gran diccionario de psicología.* Madrid: Ediciones del Prado.

Bon Jovi (2013). *Army of one.* En *What about now* (CD). London: Island Records.

Calza González, Ricardo (2014). *Aprenda a controlar sus emociones mediante técnicas psicológicas.* Luxemburgo: Amazon KDP.

De Juan Espinosa, Manuel y García Rodríguez, Luis Francisco (2004). *Nuestra personalidad. En qué y por qué somos diferentes.* Madrid: Editorial Biblioteca Nueva.

Einstein, Albert (2000). *Mis creencias.* Buenos Aires: Leviatán.

Eisenberg, Nancy y Strayer, Jane (1992). *La empatía y su desarrollo.* Bilbao: Desclée de Brouwer.

Ellis, Albert y Giegger, Russell (2003). *Manual de Terapia Racional-Emotiva.* Bilbao: Desclée de Brouwer.

Fundación Wikimedia, Inc. (2013). *Wikipedia. The free encyclopedia.* Consultado en http://en.wikipedia.org

Giner, Salvador (2012). *El origen de la moral. Ética y valores en la sociedad actual.* Barcelona: Península.

Labrador Encinas, Francisco Javier (coordinador). (2008). *Técnicas de modificación de conducta.* Madrid: Pirámide.

Lic. Vidrieras (2007, 21 de noviembre). *Chistes cómicos y graciosos.* [Web log post]. Consultado en http://chistescomicos.blogspot.com.es/2007/11/chistes-de-psicologos.html

Maslow, Abraham H. (1943). *A Theory of Human Motivation.* Psychological Review, 50, 370-396.

Noves Idees per a la Xarxa, S.L. (2013). *Proverbia.net.* Valencia: Novixar. http:// www.proverbia.net

Real Academia Española (2013). *Diccionario de la lengua española (22ª ed.).* Consultado en http://www.rae.es/rae.html

Santisteban Requena, Carmen (1990). *Psicometría. Teoría y práctica en la construcción de test.* Madrid: Ediciones Norma.

Veblen, Thorstein (2008). *Teoría de la clase ociosa.* Madrid: Alianza Editorial

Watzlawick, Paul, Bavelas, Janet B. y Jackson, Don D. (1995). *Teoría de la comunicación humana. Interacciones, patologías y paradojas.* Barcelona: Herder.

X. AUTOR

> «El lector puede ser considerado el personaje
> principal de la novela, en igualdad con el autor; sin él, no
> se hace nada».
> Elsa Triolet

SOBRE MÍ

Nací en A Coruña (España) en 1973. Soy licenciado en Psicología por la Universidad de Santiago de Compostela.

Empecé desarrollando mi labor profesional como psicólogo ejerciendo desde la iniciativa privada, y poniendo en marcha un programa de deshabituación de conductas adictivas. Más tarde trabajé como orientador en un proyecto de inserción laboral destinado a jóvenes, colectivos desfavorecidos y personas en riesgo de exclusión social. En los últimos años he impartido actividades de formación tanto en el sector privado como en colaboración con la Universidad de A Coruña, combinándolas con una labor profesional en la empresa privada, y me he dedicado a escribir libros de psicología práctica.

Soy miembro de la Asociación Colegial de Escritores de España y forma parte de la Author Central de Amazon.com para escritores independientes.

Para saber más sobre mí y mi trabajo, y para estar al día de nuevos títulos, visite mi página web: http://www.ricardocalza.es

ERRATAS

Hago revisiones periódicas de mis libros para corregir cualquier errata que pueda encontrar. En caso de que a lo largo del libro haya encontrado algún error o errata, por favor, no deje de indicármelo enviándome un correo electrónico a la dirección ricardocalza@hotmail.es

www.ingramcontent.com/pod-product-compliance
Lightning Source LLC
Chambersburg PA
CBHW071357280526
45787CB00001B/360